L&PMPOCKET**ENCYCLOPAEDIA**

REVOLUÇÃO RUSSA

Uma breve introdução

SÉRIE **L&PM**POCKET**ENCYCLOPAEDIA**

Alexandre, o Grande Pierre Briant
Ateísmo Julian Baggini
Anjos David Albert Jones
Bíblia John Riches
Budismo Claude B. Levenson
Cabala Roland Goetschel
Câncer Nicholas James
Capitalismo Claude Jessua
Cérebro Michael O'Shea
China moderna Rana Mitter
Cleópatra Christian-Georges Schwentzel
A crise de 1929 Bernard Gazier
Cruzadas Cécile Morrisson
Dinossauros David Norman
Drogas Leslie Iversen
Economia: 100 palavras-chave Jean-Paul Betbèze
Egito Antigo Sophie Desplancques
Escrita chinesa Viviane Alleton
Escrita Andrew Robinson
Evolução Brian e Deborah Charlesworth
Existencialismo Jacques Colette
Filosofia pré-socrática Catherine Osborne
Geração Beat Claudio Willer
Guerra Civil Espanhola Helen Graham
Guerra da Secessão Farid Ameur
Guerra Fria Robert McMahon
História da medicina William Bynum
História da vida Michael J. Benton
História econômica global Robert C. Allen
Império Romano Patrick Le Roux
Impressionismo Dominique Lobstein
Inovação Mark Dodgson e David Gann
Islã Paul Balta
Jesus Charles Perrot
John M. Keynes Bernard Gazier
Japão moderno Christopher Goto-Jones
Jung Anthony Stevens
Kant Roger Scruton
Lincoln Allen C. Guelzo
Memória Jonathan K. Foster
Maquiavel Quentin Skinner
Marxismo Henri Lefebvre
Mitologia grega Pierre Grimal
Nietzsche Jean Granier
Paris: uma história Yvan Combeau
Platão Julia Annas
Pré-história Chris Gosden
Primeira Guerra Mundial Michael Howard
Reforma Peter Marshall
Relatividade Russell Stannard
Revolução Francesa Frédéric Bluche, Stéphane Rials e Jean Tulard
Revolução Russa S. A. Smith
Rousseau Robert Wokler
Santos Dumont Alcy Cheuiche
Sigmund Freud Edson Sousa e Paulo Endo
Sócrates Cristopher Taylor
Teoria quântica John Polkinghorne
Tragédias gregas Pascal Thiercy
Vinho Jean-François Gautier

S. A. Smith

REVOLUÇÃO RUSSA

Uma breve introdução

Tradução de Marcio Hack

www.lpm.com.br

Coleção **L&PM** POCKET, vol. 1122

Steve Smith é professor de história na Universidade de Essex. Entre seus livros se destacam *Red Petrograd: Revolution in the Factories 1917-18*, *A Road is Made: Communism in Shanghai* e *Like Cattle and Horses: Nationalism and Labor in Shanghai 1895-1927*.

Texto de acordo com a nova ortografia.
Título original: *The Russian Revolution*

Primeira edição na Coleção **L&PM** POCKET: setembro de 2013
Esta reimpressão: fevereiro de 2025

Tradução: Marcio Hack
Capa: Ivan Pinheiro Machado. *Ilustração*: *Lenin proclama o poder dos sovietes* (1917). Pintura de Vladimir Serov.
Preparação: Bianca Pasqualini
Revisão: Simone Diefenbach

CIP-Brasil. Catalogação na fonte
Sindicato Nacional dos Editores de Livros, RJ

S648r

Smith, S. A., 1952-
 Revolução russa / S. A. Smith; tradução de Marcio Hack. – Porto Alegre, RS: L&PM, 2025.
 208 p. : il. ; 18 cm   (Coleção L&PM POCKET; v. 1122)

 Tradução de: *The Russian Revolution*
 ISBN 978-85-254-2833-2

 1. União Soviética - História - Revolução, 1917-1921. 2. União Soviética - História - 1917-1936. I. Título.

13-1181.   CDD: 947.0841
                            CDU: 94(47)

© S. A. Smith, 2002
***The Russian Revolution* foi originalmente publicado em inglês em 2002. Esta tradução é publicada conforme acordo com a Oxford University Press.**

Todos os direitos desta edição reservados a L&PM Editores
Rua Comendador Coruja, 326 – Floresta – 90220-180
Porto Alegre – RS – Brasil / Fone: 51.3225.5777

Pedidos & Depto. comercial: vendas@lpm.com.br
Fale conosco: info@lpm.com.br
www.lpm.com.br

Impresso na Gráfica e Editora Pallotti, Santa Maria, RS, Brasil
Verão de 2025

Sumário

Introdução 7

Capítulo 1: De fevereiro a outubro 11

Capítulo 2: Guerra civil e a fundação do regime
            bolchevique 50

Capítulo 3: Comunismo de Guerra 86

Capítulo 4: NEP: política e economia 117

Capítulo 5: NEP: sociedade e cultura 149

Conclusão 180

Leituras complementares 193

Índice remissivo 196

Lista de ilustrações 205

Lista de mapas 207

Introdução

A Revolução Russa de 1917 viu a queda da autocracia czarista em fevereiro e a tomada do poder pelo Partido Bolchevique em outubro. Os bolcheviques começaram a erguer o primeiro Estado comunista do mundo em um território que cobria a sexta parte do globo terrestre, estendendo-se do Ártico ao Mar Negro, do Báltico ao Extremo Oriente. A revolução deles foi o acontecimento mais significativo do século XX, servindo de inspiração a movimentos e revoluções comunistas ao redor do mundo, especialmente na China, provocando uma reação que assumiu a forma do fascismo e, após 1945, uma profunda influência sobre muitos movimentos anticoloniais, o que deu forma às relações internacionais durante a Guerra Fria. Este livro tem por objetivo fornecer ao leitor iniciante uma narrativa analítica dos principais eventos e desdobramentos de 1917 até 1929, ano em que I.V. Stalin deu início à sua "revolução de cima", levando a União Soviética a uma industrialização intensa e à coletivização forçada da agricultura. Procura explicar como e por que a revolução irrompeu em 1917; como os bolcheviques chegaram ao poder e instituíram um regime; e como, por fim, esse regime evoluiu a uma pavorosa forma de totalitarismo. O livro aborda os ideais e as aspirações que animaram os postulantes ao poder e as questões e os conflitos que eles tiveram de enfrentar. Mas procura ir além do campo exclusivamente político. A Revolução de Outubro teve por objetivo nada menos do que a destruição de todo um sistema social e a substituição deste por uma sociedade superior a qualquer outra que houvesse existido até aquele momento da história humana. O livro investiga as repercussões mais profundas desse projeto sobre a economia, a vida dos camponeses, o trabalho, as estruturas de governo, a família, o império, a educação, a lei e sua aplicação e a Igreja. Mais especificamente, investiga o significado da revolução – as esperanças que inspirou e as decepções que produziu – para diferentes grupos, como camponeses, trabalhadores, soldados, povos não russos, a intelligentsia, homens, mulheres e jovens. A perspectiva é a do historiador social, mas o interesse central é político: compreender como as pessoas comuns experienciaram e participaram da derrubada de uma estrutura de dominação e resistiram à gradual emergência de uma nova estrutura de dominação. Cada capítulo é entremeado por citações retiradas de documentos que vieram à luz após a queda da União Soviética; o objetivo delas é dar uma pista do leque de reações daqueles que se viram atingidos pela revolução.

Em 1991, a organização estatal que se originou da Revolução Russa ruiu, oferecendo aos historiadores a oportunidade de ver, pela primeira vez, a história da Revolução Russa em sua totalidade. Tal mudança de perspectiva, tomada em conjunto com a passagem do século XX, indica que estamos em um bom momento para refletir de maneira mais filosófica sobre o significado da revolução. De maneira um tanto incomum para um texto introdutório, certas questões fundamentais são abordadas, como o papel da ideologia e da ação humana na revolução, a interação entre elementos emancipatórios e privadores da liberdade do projeto bolchevique, além da influência da cultura russa sobre o desenvolvimento da União Soviética. O livro incorpora os avanços na pesquisa e na interpretação de estudiosos ocidentais desde a década de 1980 – particularmente no campo da história social e cultural – e também a obra de estudiosos russos que, em 1991, foram libertados das amarras da censura soviética. A natureza introdutória deste texto e as rigorosas limitações de espaço impedem o uso do padrão acadêmico nas notas de referência. Quero, por isso, pedir desculpas – e agradecer – aos muitos especialistas em cujas obras me baseei sem prestar o reconhecimento de praxe.

Os leitores devem ter em mente que, até o dia 1º de fevereiro de 1918, as datas obedecem ao estilo antigo. Naquele dia, os bolcheviques mudaram do calendário juliano, que tinha treze dias de atraso em relação ao do Ocidente, para o calendário ocidental. A tomada de poder de outubro (24-25 de outubro de 1917), portanto, aconteceu, de acordo com o calendário ocidental, nos dias 6-7 de novembro de 1917.

Envio meus mais calorosos agradecimentos a Cathy Merridale e Chris Ward, que leram o manuscrito e, como era de se esperar, fizeram comentários sagazes e úteis. É desnecessário dizer que a responsabilidade por quaisquer erros cometidos continua sendo minha.

Mapa 1. A Rússia europeia às vésperas de 1917.

Capítulo 1

De fevereiro a outubro

Em 23 de fevereiro de 1917, milhares de trabalhadoras da indústria têxtil e donas de casa tomaram as ruas de Petrogrado, a capital russa, para protestar contra a escassez de pão e celebrar o Dia Internacional da Mulher. No dia seguinte, mais de 200 mil trabalhadores estavam em greve, e manifestantes marcharam dos distritos mais afastados até o centro da cidade, atirando pedras e pedaços de gelo contra a polícia pelo caminho. Em 25 de fevereiro, estudantes e membros da classe média haviam se juntado aos manifestantes, que então erguiam cartazes com as palavras de ordem "Abaixo a Guerra" e "Abaixo o Governo Czarista". Em 26 de fevereiro, soldados da guarnição receberam ordens de atirar contra as multidões e mataram centenas de pessoas. Na manhã seguinte, o regimento de Volynskii se amotinou. Seu exemplo foi rapidamente seguido por outras unidades. Em 1º de março, havia 170 mil soldados cercados pelos insurgentes, que atacavam prisões e delegacias de polícia, prendiam funcionários públicos e destruíam os "emblemas da escravidão" czarista. Uma revolução irrompera, mas, até 27 de fevereiro, nenhum dos partidos revolucionários conseguira assumir a sua liderança. Tendo em mente a revolução de 1905, a ala moderada do Partido Operário Social-Democrata Russo (POSDR), os mencheviques, convocou trabalhadores e soldados para eleger delegados e formar um soviete – ou conselho. Assim nasceu o Soviete de Deputados Operários e Soldados de Petrogrado.

No mesmo dia, os membros da Duma, ou parlamento, alarmados com o caos nas ruas, resolveram se aproveitar da crise e extorquir concessões políticas do czar. Significativamente, eles convenceram os generais do exército de que nada menos do que a abdicação do czar Nicolau II asseguraria a boa continuidade da guerra. Em 2 de março, membros da

Duma, sem um decreto formal, criaram um governo provisório. No dia seguinte, incapaz de convencer seu irmão a assumir o trono, Nicolau abdicou, e a dinastia de trezentos anos dos Romanov alcançou um fim ultrajante. Em 1905, a autocracia resistira por doze meses ao movimento revolucionário; em fevereiro de 1917, sem contar com o apoio do exército, pereceu em menos de doze dias.

A ruína da autocracia teve suas raízes em uma crise de modernização. Desde a década de 1860, e particularmente a partir dos anos 1890, o governo fizera grandes esforços para acompanhar lado a lado, econômica e militarmente, as maiores potências europeias, modernizando a economia russa. Em 1913, a Rússia se tornara a quinta maior potência industrial do mundo. Contudo, a modernização econômica foi efetivada em uma conjuntura, tanto interna quanto externa, profundamente perigosa para a autocracia. O império fora desafiado pelo Japão no Extremo Oriente, o que levou à guerra de 1904; pela Alemanha na Europa central e no Império Otomano; nos dez anos transcorridos até 1914, pela instabilidade nos Bálcãs. Internamente, a modernização era ameaçada pelas profundas tensões sociais que perturbavam um país atrasado e afligido pela pobreza. O governo esperava realizar a modernização e, ao mesmo tempo, manter um controle firme sobre a sociedade. Ademais, o efeito da industrialização, da urbanização e da migração interna e a emergência de novas classes sociais colocaram em movimento forças que ajudaram a erodir as fundações do Estado autocrático.

As dificuldades da modernização não eram em nenhum outro setor mais evidentes do que na agricultura. Às vésperas da revolução, três quartos da população ainda se ocupavam com a agricultura. A Rússia fora o último país da Europa a abolir a servidão, e a emancipação de 1861 deixara um sentimento de traição entre os camponeses, visto que os fidalgos proprietários de terra ficaram com aproximadamente um sexto da propriedade rural – via de regra, a terra de melhor qualidade. Os camponeses tinham de pagar um preço acima do valor de mercado. Entre 1860 e 1914, a população do

1. Dia Internacional da Mulher, 8 de março de 1917.

império passou rapidamente de 74 milhões para 164 milhões de pessoas, o que impôs uma forte pressão sobre as terras aráveis, especialmente nas províncias centrais e do Volga, onde a terra negra era muito fértil. O lote médio dos camponeses encolheu em um terço entre os anos de 1861 e 1900. O fato de que, em 1917, os senhores de terras haviam perdido quase metade de suas propriedades – grande parte delas vendida aos camponeses – e de que alugavam para os camponeses grande parte do que ainda possuíam exerceu pouca influência na redução do descontentamento do campesinato.

Apesar da demanda crescente por terras, o padrão de vida dos camponeses aumentava, na verdade, bem lentamente desde 1891, embora nas províncias centrais de terra negra isso não ocorresse. A rápida expansão do mercado – estimulada pela construção de ferrovias – permitiu aos camponeses ampliar suas rendas com empregos na indústria, no comércio, na produção artesanal ou em fazendas de abastados; também estimulou a produção comercial de grãos, transformando a Rússia, em 1913, no maior exportador mundial do gênero. Contudo, o camponês médio ainda levava uma vida de pobreza, escassez e opressão – a mais alta mortalidade infantil da Europa indicava a penúria. Ademais, apesar da expansão da agricultura comercial, a atividade no campo continuou tecnicamente primitiva, baseada no sistema de três campos e do cultivo em faixas, com pouco uso de fertilizantes e de máquinas. A despeito de indicações claras de que a agricultura começava a se estruturar comercialmente, o sistema agrário, como um todo, manteve-se em atraso, e o campesinato continuava profundamente alienado.

Em 1914, 18% da população do império era urbana. As cidades cresciam rapidamente, sobretudo por causa da migração camponesa, o que impôs pesados desafios à infraestrutura urbana. Superpopulação, aluguéis caros e uma miséria assustadora eram a regra nas grandes cidades. Autoridades municipais incompetentes, afligidas por uma base tributária inadequada (até 1916 não havia imposto de renda), mostravam-se incapazes de lidar com a incidência crescente de doenças e mortes. São Petersburgo – rebatizada de Petrogrado na Primeira Guerra Mundial – desfrutava da péssima honra de ser a capital mais insalubre da Europa. Em 1908, mais de 14 mil pessoas morreram em uma epidemia de cólera. Nas cidades em expansão, o sistema tradicional de camadas sociais, que definia as obrigações fiscais e militares dos súditos do czar, conforme pertencessem à nobreza, ao clero, ao comércio ou ao campesinato, estava desmoronando. Novos aglomerados sociais, como as classes médias, profissionais e comerciais, a burguesia industrial e a classe operária, emergiam, cobrando do sistema demandas que ele não fora feito para suprir.

Já na década de 1830 emergira um grupo social que ficava excluído do sistema de classes sociais. De origem russa, o grupo era conhecido como a intelligentsia e definia-se menos pela posição socioeconômica do que pela postura crítica em relação à autocracia. Liberal e socialista em matéria de política, teve um grande papel, no decorrer de setenta anos, ao ajudar a erodir a legitimidade da autocracia, especialmente por fornecer um fluxo constante de membros para os grupos terroristas e socialistas que lutavam para derrubar o sistema por meio da violência. No início do século XX, os contornos da intelligentsia ficaram menos nítidos, uma vez que emergiam as classes médias profissionais e comerciais, assim como as camadas média e alta da burocracia se profissionalizavam e uma cultura comercial de massas se desenvolvia. As classes médias profissionais e comerciais haviam se desenvolvido lentamente na Rússia, mas, quando a revolução irrompeu em 1905, elas marcavam presença na sociedade. Uma sociedade civil emergia, reconhecível nas associações profissionais de advogados, médicos e professores, em associações voluntárias reformistas ou de caridade, na expansão das universidades e especialmente na explosão da mídia impressa.

Em 1905, a intelligentsia e as classes médias realizaram uma campanha conjunta para forçar a autocracia a lhes conceder direitos civis e políticos e estabelecer uma ordem política constitucional. Assim, ambas cumpriram um papel semelhante àquele que, na Europa ocidental, coubera a uma burguesia mais economicamente definida. Na Rússia, contudo, a classe capitalista era politicamente passiva, profundamente dividida por região e atividade industrial, e presa à classe mercante tradicional. Industriais nas seções-chave da mineração, metalurgia e engenharia dependiam do Estado para encomendas, subsídios e tarifas alfandegárias e se mostravam pouco dispostos a confrontá-lo.

O crescimento de um proletariado industrial criou um desafio de outra espécie. Em 1917, havia somente 3,6 milhões de trabalhadores nas fábricas e minas da Rússia; contudo, a concentração de operários em regiões específicas e em empresas relativamente grandes lhes conferia um poder político totalmente desproporcional ao seu tamanho. Recrutados principalmente entre os camponeses – "arrancados do arado e jogados nas fornalhas das fábricas", na memorável expressão de L.D. Trotski –, eles formaram um tipo social consideravelmente diferente na medida em que eram ligados à terra, mas estavam imersos na cultura urbana, eram educados e capacitados para o trabalho. Havia grandes diferenças, por exemplo, entre os metalúrgicos qualificados do distrito de Vyborg, em Petrogrado, os trabalhadores da indústria têxtil da região industrial de Moscou e os trabalhadores dos assentamentos de mineração nos Urais. Não obstante, a proporção de trabalhadores que cortavam seus laços com a aldeia e se inseriam no ambiente urbano-industrial crescia. As cidades proporcionavam oportunidades culturais aos trabalhadores, como aulas noturnas, clubes, bibliotecas, teatros e entretenimento popular, e os expunham às ideias políticas subversivas dos sociais-democratas e dos socialistas revolucionários. As condições miseráveis em que os trabalhadores viviam, a dureza da atividade e os salários lastimáveis aumentaram a sensação de isolamento – não só em relação ao governo como também quanto à porção privilegiada da sociedade.

Após a greve geral de 1905, a autocracia legalizou de forma limitada os sindicatos, mas os empregadores mostraram pouca disposição para reformar o sistema autoritário das relações industriais. Daí em diante, a politização dos trabalhadores foi um passo natural, estimulada como foi pela reação das autoridades, cuja estratégia de contenção às greves e aos protestos era enviar a polícia e os cossacos. Os capitalistas e o Estado passaram a ser vistos como os mecanismos de opressão. Sem alternativas de buscar melhorias avançando de forma gradual, os trabalhadores russos se tornaram os mais propensos da Europa a entrar em greve: em 1905-1906 e novamente em 1912-1914, o número anual de grevistas chegou a quase três quartos do operariado fabril.

Em outubro de 1905, sob intensa pressão da "luta de toda a nação" do movimento trabalhista e da oposição da classe média e dos fidalgos, Nicolau II, no Manifesto de Outubro, consentiu em instituir um parlamento eleito, ou Duma, além de conceder substanciais direitos civis. A revolução expusera a fragilidade da autocracia, mas também reacendeu as energias reformistas da burocracia. O maior exemplo disso foi a ousada legislação do primeiro-ministro P.A. Stolípin que permitiu aos camponeses se desligarem da comuna agrícola, consolidando a posse das terras em lotes particulares. Muitos integrantes das classes médias, alarmados com a força da insurgência dos operários e camponeses, estavam dispostos a trabalhar em conjunto com uma monarquia constitucional, tendo em vista uma reforma social. Contudo, a gigantesca agitação nos campos em 1906-1907, em que as propriedades dos fidalgos foram incendiadas e saqueadas, somada ao radicalismo dos camponeses nas eleições da primeira e segunda Dumas em 1906 e 1907, avisou dos perigos da modernização controlada.

Uma vez arrefecida a tempestade revolucionária, Stolípin, em junho de 1907, lançou um "golpe" contra a Duma, limitando seu poder e reduzindo drasticamente a representação dos camponeses. A partir daí, o regime passou a ficar cada vez mais isolado. As classes médias continuaram a apoiar as tentativas incertas de reforma, mas se sentiam traídas pelo modo como Nicolau e seus ministros aos poucos foram retirando as vantagens concedidas no Manifesto de Outubro. Os operários, não é preciso dizer, continuaram profundamente distanciados do regime e das classes ricas e privilegiadas. O fator mais preocupante era que a autocracia estava perdendo sua tradicional base de apoio. A revolução de 1905 havia destruído a lealdade dos camponeses ao "paizinho", o czar, e as reformas de Stolípin não conseguiram, em 1914, criar uma classe de fazendeiros conservadores que poderia ter servido como uma nova base ao regime. A autoridade da Igreja Ortodoxa estava em declínio, e a pequena nobreza, outrora liberal, assolada por dívidas e assustada com a insurgência do campesinato, criticou a burocracia por esta não conseguir proteger seus interesses. Por fim, o projeto de modernização controlada foi ameaçado também pelo surgimento do nacionalismo entre os povos não russos do império.

Em 1906, o Estado czarista estava enfraquecido, mas não necessariamente condenado. A modernização ordenada em um mundo de competição entre impérios-nações cada vez mais intensa e em uma sociedade dividida por conflitos sociais jamais seria fácil. Mas poderia ter sucesso, se a determinação do regime não fosse debilitada pela intolerância do czar a qualquer enfraquecimento de sua autoridade. O czar acreditava sinceramente que, sendo o representante escolhido por Deus, não deveria abrir mão de seus poderes. Os prenúncios estavam evidentes na primeira linha da Lei Básica de 1906, que consagrava explicitamente uma monarquia constitucional: "Ao Imperador de Toda a Rússia pertence o Poder Autocrático Supremo". Consequentemente, em 1907, com a crise revolucionária chegando ao fim, o regime começou a recuar em seu compromisso de abrir o processo político a novas forças sociais. Em 1913-1914, as cidades russas estavam mais uma vez tomadas por conflitos. Contudo, a autocracia desmoronou não por sua relutância em realizar reformas, tampouco devido às contradições intrínsecas da modernização controlada, por mais agudas que essas tivessem se tornado, mas sim por causa da Primeira Guerra Mundial.

A guerra representou um marco decisivo na história europeia. Destruiu impérios, desacreditou a democracia liberal, preparando o terreno para a política totalitária dos anos 1920 e 1930. Expôs todos os beligerantes às mais severas provas de fogo, que se mostraram intransponíveis à autocracia russa. O efeito da guerra sobre o império foi devastador. Mais de 14 milhões de homens foram convocados; cerca de 67 milhões de habitantes das províncias ocidentais caíram sob domínio inimigo; mais de 6 milhões foram desalojados à força, dos quais meio milhão eram judeus expulsos das áreas de batalha. A frente oriental era menos estável do que a ocidental, mas nenhum dos lados foi capaz de efetuar um avanço decisivo, e as ofensivas se mostraram imensamente dispendiosas. Talvez 3,3 milhões tenham morrido ou desaparecido sem deixar vestígios – uma taxa de mortalidade maior do que a de qualquer outra potência beligerante (embora a Alemanha tenha tido maior número de mortos) – e o número total de vítimas superou 8 milhões. A carnificina em massa e os ódios fervilhantes instigados pela guerra prejudicaram fatalmente as chances de democracia após a derrubada da autocracia.

> Eles nos levaram, e nós fomos. Para onde eu estava indo e por quê? Eu não sabia. Cheguei nas trincheiras, que eram aterrorizantes e chocantes. Ouvi o comandante de nossa companhia espancar um soldado, golpeando sua cabeça com um chicote. O sangue escorria da cabeça do pobre sujeito. Bem, eu pensei, assim que ele começar a me bater, vou furá-lo com minha baioneta e então vou preso. Me perguntei quem era o verdadeiro inimigo: os alemães ou o comandante da companhia? Eu ainda não conseguia ver os alemães, mas aqui, diante de mim, estava o comandante. Os piolhos me mordiam nas trincheiras. Fiquei muito deprimido. E, então, enquanto batíamos em retirada, me fizeram prisioneiro.
>
> F. Starunov, um camponês convocado para a Primeira Guerra Mundial

Os soldados russos lutaram bravamente e, em geral, com sucesso contra os turcos e os austríacos, mas não foram páreo para o exército alemão em matéria de organização, disciplina e liderança. A ofensiva de junho de 1916, liderada pelo general Brusilov, contudo, mostrou a capacidade de resistência dos soldados russos; naquele estágio, o exército havia superado a escassez de projéteis que tornara difíceis seus primeiros meses no campo de batalha. Quando veio a Revolução de Fevereiro, não foi como consequência da derrota militar, ou mesmo do cansaço da guerra, mas sim do desmoronamento da confiança no governo.

Em novembro de 1915, após um desastroso primeiro ano de batalha, Nicolau assumiu pessoalmente o comando das forças armadas. Embora fosse diligente, o czar não possuía a capacidade ou a imaginação para coordenar as frentes externas e internas e resistiu teimosamente aos pedidos da Duma por um "governo de confiança pública". A imperatriz Alexandra interferia erraticamente no governo e sua devoção ao "homem santo" camponês Rasputin provocou rumores de travessuras sexuais e sobre a presença de "forças sinistras" e desleais na corte. Isso afastou não somente as pessoas comuns, mas também muitos dignitários, generais e aristocratas daquela que era percebida como uma corte "pró-germânica". Enquanto isso, a burocracia, cuja reputação nunca foi de ser eficiente, sucumbiu sob o peso das árduas exigências da "guerra total". As classes médias estavam tão descontentes com a inépcia dos órgãos oficiais de abastecimento que a União das Cidades e a União dos Zemstvos, os órgãos do governo local na zona rural, tomaram para si a tarefa de organizar os suprimentos e os serviços para o exército. Foi impossível, contudo, mobilizar transportes, indústria e combustível para o exército sem prejudicar a economia civil.

O governo financiou a guerra com elevação de impostos, empréstimos tomados ao estrangeiro e com aumento gigantesco na quantidade de papel-moeda em circulação. Como resultado, houve um vasto aumento na dívida pública e um crescimento da inflação. Os preços triplicaram entre

2. Um protesto político em Petrogrado, 1917.

1914 e 1916, ao passo que os salários dobraram. Os industrialistas obtiveram lucros recordes, enquanto os trabalhadores lutavam para se sustentar. Em 1916, a intensidade das greves operárias voltou ao nível do período pré-guerra; entre janeiro e fevereiro de 1917, mais trabalhadores participaram de greves políticas do que em 1913. Quando o inverno chegou, as populações das cidades sofriam com uma severa escassez de alimentos, em um país que deles dispunha em abundância. Perguntado, em janeiro de 1917, pelo embaixador britânico, Sir George Buchanan, como planejava reconquistar a confiança de seus súditos, Nicolau respondeu: "Eu devo reconquistar a confiança do meu povo, ou o meu povo deve reconquistar a minha?".

Os significados da revolução

A Revolução de Fevereiro fez surgir um efêmero estado de ânimo marcado pelo otimismo e pelo sentimento de unidade nacional. A liberdade e a democracia eram a ordem do dia. De uma hora para outra, todos passaram de súditos a cidadãos, concordando unanimemente em se organizar para transformar a liberdade em realidade. Nadezda Krupskaia, esposa de V.I. Lenin, descreveu a extraordinária euforia que permeava a vida pública, ao voltar à Rússia no início de abril: "Em todos os cantos, as pessoas se reuniam, debatendo apaixonadamente e discutindo os últimos acontecimentos. Discussão que nada era capaz de interromper!". Porém, desde o início, a esfera de ação da revolução foi uma questão polêmica. Para os revolucionários relutantes do governo provisório, a derrubada do czar foi um ato de autopreservação nacional motivado pela necessidade de vencer a guerra. Para as classes mais baixas, liberdade e democracia significavam nada menos do que uma revolução social que destruiria por completo a antiga estrutura de autoridade e ergueria um novo estilo de vida, condizente com suas ideias de justiça e liberdade. Era apenas uma questão de tempo até que as contradições sociais, ocultas sob o véu da linguagem política comum, viessem à tona.

Nove milhões de soldados e marinheiros saudaram a queda do czar, vendo a revolução como um estímulo para derrubar a opressiva estrutura de comando das forças armadas. Oficiais tirânicos foram afastados e, em alguns casos, linchados (cerca de cinquenta oficiais foram assassinados pelos marinheiros de Kronstadt). Insistindo serem cidadãos de uma Rússia livre, os soldados exigiram o direito de formar comitês a partir das companhias para representar seus interesses. Essa exigência foi atendida pelo Soviete de Petrogrado em 1º de março, quando foi aprovada a Ordem nº 1, o ato mais radical de sua história. O general M.V. Alekseev criticou o ato, afirmando ser "o meio pelo qual o exército que eu comando será destruído". Porém, os comitês foram dominados por indivíduos mais instruídos, que tinham pouca intenção de sabotar a eficácia operacional do exército. Ao menos enquanto durou a primavera, a democratização não significou a desintegração do exército como força de combate. O estado de espírito dos soldados foi caracterizado por

Lenin como um "defensismo revolucionário", com o que ele queria dizer que os soldados lutariam somente para defender as vitórias da revolução contra o militarismo austro-germânico. As esperanças de um rápido acordo de paz, contudo, eram altas, e ninguém podia ter certeza de que o exército continuaria a combater por um período indefinido de tempo. Particularmente, não estava claro que o exército passaria ao ataque.

Os trabalhadores industriais eram, em 1917, os mais organizados e estrategicamente posicionados de todos os grupos sociais. Ao retornarem ao trabalho, após o fim da greve geral, eles também se propuseram a demolir a "autocracia" das fábricas. Supervisores e administradores odiados foram expulsos, as regras antigas foram jogadas no lixo e comitês de fábricas foram formados, especialmente entre os metalúrgicos qualificados, para representar os interesses dos trabalhadores perante a administração. Em todos os cantos, exigiam uma jornada de trabalho de oito horas e aumentos salariais para compensar a inflação do tempo de guerra – ambas as exigências foram atendidas com considerável relutância pelos empregadores. Os comitês das fábricas assumiram uma ampla gama de funções, incluindo a segurança, a supervisão das contratações e demissões, a disciplina do trabalho e a organização do abastecimento de alimentos. Em outubro, dois terços das fábricas com duzentos ou mais trabalhadores tinham tais comitês. Se as condições econômicas e políticas tivessem sido mais favoráveis, talvez pudessem ter se tornado parte de um sistema corporativista de relações industriais, assumindo junto com os empregadores a responsabilidade pela produção. Enquanto isso, num ritmo mais lento, os sindicatos também ressurgiram e se responsabilizaram especialmente pelas negociações salariais. Em outubro, contavam com mais de 2 milhões de membros, organizados por indústria, e não por tipo de atividade.

Os sovietes eram o órgão principal de expressão política dos trabalhadores e soldados. Cerca de setecentos sovietes surgiram em março e abril, englobando cerca de 200 mil representantes já no verão. Em outubro, o número de sovietes chegara a 1.429, dos quais 455 eram sovietes de representantes camponeses. Os sovietes de camponeses, contudo, não chegaram a funcionar de verdade antes do final de 1917. Os sovietes se viam como órgãos da "democracia revolucionária" – uma coalizão constituída de trabalhadores, soldados e camponeses, e ocasionalmente se ampliando (como em Omsk) para incluir representantes de minorias étnicas e até mesmo professores, jornalistas, advogados e médicos. O princípio básico dos sovietes era que os delegados fossem escolhidos em eleição direta por aqueles que representariam, aos quais responderiam diretamente. Durante a primavera e o verão, os socialistas moderados, os mencheviques e os socialistas revolucionários (SRs) eram a força principal dos sovietes, pois seu estilo de política abrangente era mais sintonizado com o ânimo popular. Os socialistas moderados viam a função dos sovietes como o exercício de "controle" sobre os governos locais, com a finalidade de defender os

3. *Quem esqueceu sua dívida para com a terra natal?* **Mercadores dirigem essa pergunta a um soldado prostrado. A inscrição diz: "Pouco é dado, muito é exigido".**

interesses da democracia revolucionária, mas, na prática, muitos sovietes locais rapidamente assumiram responsabilidades administrativas em questões tão diversas quanto o suprimento de alimentos e combustível, educação e cultura e aplicação da lei. No início de junho, no Primeiro Congresso de Sovietes de Toda a Rússia, de 777 delegados, 285 eram SRs e 248 eram mencheviques. O Congresso criou um centro soviete nacional, o Comitê Executivo Central (CEC), controlado por mencheviques e SRs, que virou um baluarte de apoio do governo provisório.

Os camponeses também receberam com entusiasmo a Revolução de Fevereiro. Poucos lamentaram o desaparecimento da dinastia Romanov, e milhares de resoluções foram aprovadas por comunidades rurais, aplaudindo o fato de que os camponeses eram agora cidadãos e exigindo que a ordem social fosse reconstruída com base na democracia, na justiça e na igualdade. As propostas aprovadas pelos camponeses expressavam a esperança de que a guerra logo terminaria, mas sua maior aspiração era reparar o mal feito a eles em 1861 pela redistribuição das terras dos fidalgos rurais. Embora houvesse apenas cerca de 100 mil famílias proprietárias de terras em 1917, poucos países no mundo ainda contavam com propriedades tão extensas quanto as que ainda existiam na Rússia. Aos olhos dos camponeses, a pequena nobreza não tinha direito a essas propriedades, visto que não trabalhava nelas. No universo moral dos camponeses, era considerado um artigo de fé que somente aqueles que tornavam a terra produtiva tinham direitos sobre ela. Em uma das fábulas de Tolstói, os camponeses de um vilarejo julgam os forasteiros pelo estado de suas mãos: só serão aceitos aqueles de mãos calejadas.

Poder dual

As duas forças que derrubaram a monarquia – o movimento de massas de trabalhadores e soldados e a oposição parlamentar da classe média – foram institucionalizadas na nova configuração política, com o Soviete de Petrogrado mantendo estreita vigilância sobre o governo provisório. O governo, encabeçado pelo príncipe G.E. Lvov, proprietário de terras com uma longa ficha de serviços prestados aos zemstvos, representava amplamente os interesses profissionais e comerciais. Era um governo de caráter progressista, até mesmo levemente populista; a única força organizada em seu interior era o Partido dos Cadetes, outrora um Partido Progressista, mas que avançava velozmente em direção a um nacionalismo conservador. Em seu manifesto de 2 de março, o governo se comprometeu a implementar um programa amplo de direitos civis e políticos e a convocar uma Assembleia Constituinte. Significativamente, isso não dizia nada sobre as candentes questões da guerra e da terra. O governo, que não era legitimado pela população, via como sua principal tarefa a supervisão da eleição de uma Assembleia Constituinte, que determinaria a forma da organização política futura. O governo acreditava que somente tal assembleia teria a autoridade para resolver questões prementes como a da redistribuição de terras.

O Soviete de Petrogrado desfrutava das verdadeiras prerrogativas de poder, já que controlava o exército, o transporte e as comunicações, assim como meios essenciais de informação. Possuía também legitimidade popular, visto que 1.200 representantes foram eleitos para ele na primeira semana. Alguns bolcheviques, anarquistas e outros pressionaram o Soviete para que assumisse o poder pleno, mas os intelectuais socialistas moderados que controlavam seu comitê executivo acreditavam que isso não seria adequado a uma revolução cujo caráter eles definiam como "burguês", isto é, destinado a trazer a democracia e o desenvolvimento capitalista à Rússia em vez do socialismo. Além disso, eles temiam que qualquer tentativa de impor sua autoridade provocasse uma "contrarrevolução". Por isso, concordaram em apoiar, mas não em se juntar ao governo provisório "burguês", contanto que este não passasse por cima dos interesses do povo. O advogado extremista A.F. Kerenski foi o único dos representantes do Soviete de Petrogrado que escolheu se juntar ao governo, descrevendo-se como um participante "refém da democracia". Assim, nasceu o "poder dual". A despeito da atmosfera predominante de unidade nacional, esse poder dual demonstrava a profunda divisão que havia na sociedade russa entre a "democracia" e a "sociedade de posses".

Fora de Petrogrado, o poder dual era muito menos evidente. Na maioria das regiões, uma ampla aliança de grupos sociais formou comitês de organizações públicas para expulsar dirigentes policiais e czaristas, manter a ordem e o abastecimento de alimentos e supervisionar a democratização dos conselhos municipais e zemstvos. O governo empenhou-se para fazer valer sua autoridade por meio da nomeação de comissários, a maioria dos quais era constituída de presidentes de zemstvos de condados, representantes, portanto, dos interesses dos proprietários de terras ou dos empresários. No verão, a existência paralela dos comitês, comissariados, conselhos municipais e zemstvos – que nessa época realizavam eleições democráticas – e sovietes indicava a profunda fragmentação de poder nos municípios e cidades das províncias. Nas áreas rurais, os camponeses expulsaram feitores de terras, presbíteros municipais e policiais de aldeia e formaram comitês municipais controlados pelos próprios camponeses. O governo tentou fortalecer sua autoridade criando comitês de terras e alimentos no nível municipal, mas também estes passaram a ser controlados pelos camponeses. No nível mais baixo de todos, a autoridade das assembleias dos vilarejos foi fortalecida pela revolução, embora tenha se "democratizado" com a participação de filhos mais novos, de trabalhadores sem terras, da intelligentsia rural (amanuenses, professores, veterinários e médicos), além de algumas mulheres. A Revolução de Fevereiro, desta forma, delegou poderes às localidades e reduziu substancialmente a capacidade do governo provisório de fazer seus decretos valerem abaixo do nível dos condados.

Até o outono, as organizações populares eram dominadas pelos mencheviques e SRs. Os mencheviques haviam se originado como uma facção do POSDR em 1903, depois de terem discordado do modelo de Lenin de um partido de vanguarda, temendo que revolucionários profissionais tomassem o lugar da classe trabalhadora. Sendo marxistas ortodoxos, acreditavam que a Rússia ainda não tinha os pré-requisitos para o socialismo: uma indústria desenvolvida e uma grande classe trabalhadora. Visto que muitas – possivelmente a maioria – das organizações do POSDR nas províncias haviam se recusado a se dividir em facções, é difícil estimar quantos mencheviques havia em 1917. Em maio, existiam provavelmente cerca de 100 mil – metade deles na Geórgia –, chegando a quase 200 mil no outono. Os SRs, liderados por V.M. Chernov, eram de longe o maior partido em 1917. Eles rejeitavam a perspectiva marxista que classificava o campesinato como pequeno-burguês, acreditando que os princípios do coletivismo inerentes à comuna camponesa tornavam a Rússia especialmente predisposta ao socialismo. Por esse motivo, e por dedicarem tanta energia à organização do campesinato entre 1905 e 1907, eles eram vistos como o partido do campesinato. No outono de 1917, contudo, ao lado de 700 mil membros no exército e nos vilarejos, os SRs contavam com 300 mil membros nas cidades, o que os tornava uma força urbana tão significativa quanto os bolcheviques. A questão de se era adequado apoiar ou não o governo czarista na guerra havia criado uma profunda divisão tanto entre os mencheviques quanto entre os SRs. Essas divisões internas se aprofundaram no decurso de 1917, especialmente entre os SRs. Sua ala de direita clamava pela guerra até a vitória; sua facção de centro, liderada por Chernov, desviou-se uma grande distância de seus princípios, buscando a coalizão com a burguesia; enquanto a ala de esquerda, que se transformou nos SRs de esquerda, cada vez mais adotava uma estratégia que pouco diferia da dos bolcheviques.

Apesar do discurso de "unidade entre as forças vitais da nação", a questão do que fazer na guerra tensionou enormemente a aliança entre o Soviete de Petrogrado e o governo. Todas as camadas da população esperavam que a revolução trouxesse rapidamente a paz, e a maioria dos socialistas moderados na executiva do Soviete se opusera à guerra até então. O menchevique georgiano I.G. Tsereteli criou um programa que tinha por objetivo, de um lado, pressionar o governo por um acordo abrangente de paz, baseado na renúncia a todas as anexações e indenizações e, de outro, convencer os soldados de que tinham o dever de continuar defendendo a Rússia até que a paz fosse alcançada. O governo provisório aceitou formalmente esse programa, mas muitos de seus membros eram a favor de que se guerreasse até a obtenção da vitória. Em 20 de abril, um recado enviado aos Aliados pelo ministro do exterior, P.N. Miliukov, líder dos Cadetes, manifestou o apoio deste aos objetivos de guerra dos Aliados, nos termos propostos em tratados secretos, que, entre outras coisas, prometiam à Rússia os estreitos na foz do Mar Negro como prêmio de vitória. Imediatamente, soldados e trabalhadores indignados tomaram as ruas de Petrogrado para exigir a renúncia de Miliukov. Com eles, podiam-se ver cartazes bolcheviques proclamando "Abaixo o governo provisório". Em 2 de maio, Miliukov foi forçado a renunciar, e o príncipe Lvov insistiu que os membros da executiva do Soviete se juntassem a um governo de coalizão para resolver a crise.

Tendo entrado no governo para apressar a conclusão da paz, os seis socialistas que sentaram ao lado dos oito ministros "burgueses" se viram enredados em preparações para a guerra. Kerenski, o novo ministro da guerra, estava decidido a ver o exército russo lançar uma nova ofensiva, por desejar que a Rússia honrasse suas obrigações dispostas no tratado com os Aliados. Estava claro, contudo, que muitas unidades relutavam em atacar. Kerenski percorreu freneticamente as frentes de batalha, incitando as tropas. Por fim, somente 48 batalhões se recusaram a entrar em ação. A ofensiva logo se transformou em retirada. O número de mortos chegou a 400 mil, e a quantidade de desertores foi ainda maior. Dali em diante, a indisciplina transformou-se em desobediência organizada, na medida em que os comitês caíram cada vez mais sob a influência de adversários morais da guerra, como os SRs de esquerda e os bolcheviques. Hoje – embora não fosse claro na época – isso pode ser visto como o princípio do fim do governo provisório, já que nenhum governo pode sobreviver muito tempo sem o controle das forças armadas.

Até junho, os bolcheviques continuaram à margem da política. Em 3 de abril, Lenin, o fundador do partido e seu líder inconteste, retornou após quase dezesseis anos de exílio. Era um homem de vontade de ferro e autodisciplina, despretensioso, mas dono de autoconfiança suprema e intolerante com oponentes. Sua política tinha raízes na teoria marxista, que ele procurou adaptar às condições russas; era capaz de fazer ajustes vigorosos na política e tomar decisões difíceis. Ao retornar, seu desprezo pelo liberalismo e pelo parlamentarismo, sua oposição implacável à guerra "imperialista" e seu reconhecimento ao apelo de massas dos sovietes fizeram com que ele se decidisse por aquilo que pareceram posições muito extremadas. Na verdade, seu extremismo o guiou na direção das realidades ocultas da política. L.B. Kamenev e I.V. Stalin, ao retornarem do exílio siberiano em 12 de março, haviam guiado o partido a um apoio condicional ao governo provisório, uma posição de defensismo revolucionário quanto à guerra e a negociações com os mencheviques tendo em vista a reunificação do POSDR. Em suas *Teses de abril*, Lenin condenou cada uma dessas medidas, insistindo que não deveria haver apoio ao governo de "capitalistas e donos de terras", que a natureza da guerra não se modificara em nada e que os bolcheviques deveriam lutar para que o poder fosse transferido aos sovietes. Num ponto crucial, Lenin concluiu que a revolução estava saindo de seu estágio "burguês" em direção ao estágio socialista, tendo a Primeira Guerra Mundial o convencido de que o capitalismo estava em seus estertores e de que o socialismo encontrava-se agora internacionalmente na ordem do dia. Trotski, que se desentendera com Lenin muitas vezes em seu passado menchevique, recebeu bem essa conversão a opiniões mais próximas às suas.

4. Soldados russos protestando em Petrogrado, abril de 1917.

Em 1917, o Partido Bolchevique era muito diferente do partido conspirador coeso defendido por Lenin em 1903. Embora mais unificado do que os SRs, os mencheviques e os anarquistas, os bolcheviques eram um grupo heterogêneo, e, mesmo depois que as *Teses de abril* de Lenin se tornaram sua diretiva oficial, as opiniões gradualistas de Kamenev e G.E. Zinoviev (apelidado de "o cachorro louco de Lenin" pelos mencheviques) continuaram a desfrutar de grande apoio. Lado a lado com grupos que haviam sofrido anos de perseguição, dezenas de milhares de trabalhadores, soldados e marinheiros entraram em massa no partido. Tinham pouco conhecimento do marxismo, mas viam os bolcheviques como os defensores mais resolutos da classe trabalhadora. Os bolcheviques eram incansáveis nas campanhas em favor de suas diretrizes políticas nas fábricas e nas esquinas. O resultado foi que o contingente do partido aumentou de aproximadamente 10 mil membros em março para quase 400 mil em outubro.

Na tarde de 3 de julho, soldados do Primeiro Regimento de Metralhadoras, irritados com o fracasso da ofensiva de junho e decididos a não serem enviados para o front, toma-

5. Tropas abrindo fogo contra os bolcheviques nos protestos de julho.

ram as ruas para exigir que o poder fosse entregue aos sovietes. Com o apoio de 20 mil marinheiros de Kronstadt e de milhares de trabalhadores, eles apressaram a mais grave crise de governo até então, conhecida como os Dias de Julho, uma crise agravada pela saída do governo dos ministros Cadetes. As bases bolcheviques, incluindo membros da Organização Militar do partido, se ocuparam de convocar o protesto, mas o Comitê Central alarmou-se com a iniciativa, dado que acreditava não ser aquela a hora certa para a derrubada do governo. Quando o movimento não deu qualquer sinal de que iria aquietar, contudo, o Comitê Central decidiu assumir a liderança. Em 4 de julho, uma semi-insurreição começou a ocorrer, quando soldados armados cercaram a sede do governo. Contudo, este conseguiu convocar unidades militares de sua confiança e dissolveu os insurgentes. Tsereteli afligiu-se por "sobrar para mim, como ministro do Interior, a tarefa de aplicar métodos repressivos contra aqueles que, no passado, haviam sido meus camaradas na luta pela liberdade". Kerenski ordenou uma "rigorosa retaliação" contra os bolcheviques, os quais rotulou de "agentes alemães". Ordens foram emitidas para a prisão de Lenin, Trotski e outros líderes bolcheviques, fazendo com que Lenin fugisse para a Finlândia e outros fossem encarcerados. Tudo fazia crer que os bolcheviques eram uma força vencida. Kerenski deleitou-se com o próprio triunfo.

O desafio nacionalista

O censo de 1897 revelou que os russos perfaziam somente 44% da população total do império. O censo de 1926, mais preciso, reconheceu a existência de 194 grupos étnicos, variando amplamente em tamanho, língua, religião, cultura e nível de desenvolvimento socioeconômico. Os movimentos nacionalistas já haviam desafiado a autocracia em 1905, e, durante a guerra, muitos radicalizavam, na medida em que as regiões periféricas do império eram evacuadas ou ocupadas por estrangeiros. Os regimentos polonês e letão se formavam dentro do exército czarista, em que circulava a propaganda aliada sobre a autodeterminação das nações como um objetivo de guerra dos Aliados. O estágio de desenvolvimento do nacionalismo, contudo, era extremamente desigual nas diferentes regiões do império. Entre os 18 milhões de muçulmanos, por exemplo, era uma força débil. Somente os tártaros do Volga central, Urais e Crimeia, uma população dispersa entremeada de russos, demonstravam considerável consciência política, e eles tendiam a apoiar uma solução pan-islâmica – isto é, autonomia cultural e extraterritorial para todos os muçulmanos num Estado russo unitário – em vez de uma solução nacionalista baseada em cada grupo étnico ter seu próprio território nacional. Dentro da maior concentração de muçulmanos no Turquestão – uma região vasta que se estendia da estepe desértica mais ao norte (atualmente o Cazaquistão) a leste dos khanates de Khiva e Kokand e do emirado de Bukhara, cada um baseado em oásis e agricultura fluvial – mal havia qualquer consciência étnica. As identidades eram definidas em termos de clãs, vilarejos e oásis ou, no nível macro, em termos da comunidade do Islã. Em contraposição, na região báltica, o domínio alemão, em conjunto com campanhas periódicas de russificação realizadas pelo Estado czarista, havia estimulado movimentos nacionalistas bastante fortes, a despeito do fato de que nem a Letônia nem a Estônia tinham histórias como Estados independentes.

O governo provisório subestimou seriamente o poder desestabilizador do nacionalismo em 1917, imaginando ingenuamente que a anulação da legislação discriminatória "resolveria" a questão nacional. Depois de fevereiro, as exigências nacionalistas mais comuns não eram pela secessão completa, mas por direitos de autoexpressão cultural e por certo grau de autonomia política dentro da estrutura de um Estado federativo russo. A palavra de ordem dos políticos liberais e socialistas da Rada Ucraniana – ou Conselho Nacional – era um exemplo típico: "Vida Longa à Ucrânia Autônoma em uma Rússia Federativa". Somente nos casos atípicos da Polônia e da Finlândia – onde os Estados existentes haviam preservado alguma autonomia depois de serem anexados pelo império – os nacionalistas exigiam separação completa. Já nos igualmente atípicos casos da Armênia e da Geórgia, onde o nacionalismo também era forte – ambos os países possuíam suas próprias igrejas cristãs e longas histórias de entidades políticas –, os políticos tendiam a apoiar o governo provisório. No caso dos armênios, que estavam dispersos entre a Rússia, a Turquia e a Pérsia, o genocídio desencadeado contra eles pelos turcos durante a guerra levou o partido socialista moderado, conhecido como Dashnaktsutiun, a apoiar o governo provisório por medo da Turquia. Na Geórgia, o movimento nacionalista era dominado pelos mencheviques, que haviam formado um movimento de massa com base na classe trabalhadora e, o que era incomum, no campesinato. Naturalmente, eles eram aliados do governo provisório.

Entre as massas não russas, as exigências por políticas sociais e econômicas radicais geralmente se colocavam acima de exigências puramente nacionalistas. Em geral, os camponeses preferiam partidos que se dirigissem a eles em sua própria língua e defendessem interesses locais – mas só tomavam o lado dos nacionalistas quando estes apoiavam suas próprias lutas contra os fidalgos donos de terras. Na Ucrânia, o movimento nacionalista estava politicamente dividido, enfraquecido por pronunciadas divisões regionais e limitado pelo fato de que aproximadamente um quarto da população, concentrada nas cidades, era russa, judia ou polonesa. Não obstante, as queixas socioeconômicas do campesinato tinham uma dimensão étnica, visto que a maioria dos donos de terra era composta de russos ou poloneses. Os políticos de classe média da Rada foram forçados a assumir uma posição cada vez mais radical sobre a questão da terra, a fim de manter o apoio dos camponeses. Como isso indica, o nacionalismo era mais forte onde se escorava num poderoso sentimento de classe. Na Letônia, por exemplo, uma grande classe trabalhadora e uma classe média mais baixa enfrentavam uma burguesia comercial e industrial judia, russa ou polonesa. Em 1917, políticos nacionalistas de caráter liberal ou socialista moderado rapidamente perderam terreno para a social-democracia letã, que possuía uma base de apoio entre trabalhadores e camponeses sem terras, sendo que estes últimos odiavam os "barões de cabeça branca", ou fazendeiros letões, quase tanto quanto a nobreza alemã. Geralmente, trabalhadores nas áreas não russas eram mais propensos a dar atenção à política de classe do que ao nacionalismo. Nas Donbas e nas cidades da Ucrânia oriental, por exemplo, havia uma forte classe trabalhadora que era, não obstante, constituída de russos e ucranianos russificados que apoiavam a luta panrussa pelo poder soviético, e não uma proposta estritamente nacionalista.

Na medida em que o ano de 1917 chegava ao fim, os políticos nacionalistas gradualmente intensificavam suas exigências por autonomia, em parte para reagir à teimosia do governo provisório, em parte como consequência da radicalização geral da política. Na Estônia, o governo redefiniu fronteiras administrativas de acordo com diretrizes éticas depois de fevereiro, mas a assembleia eleita, conhecida como Maapäev, ficou insatisfeita com a vastidão da autonomia que estava sendo oferecida. Desafiada pela esquerda – por sovietes predominantemente russos –, ela passou a se mover gradualmente em direção à exigência por uma autonomia completa. A relutância do governo em conceder autonomia genuína foi motivada em parte pelo temor de que os movimentos nacionalistas fossem um cavalo de Troia enviado pela Alemanha, e por um profundo apego a um Estado russo unificado, especialmente forte entre os Cadetes. Isso era particularmente evidente em relação à Ucrânia. Com aproximadamente 22% da população do império, a Ucrânia era, de longe, a maior área minoritária, e seus recursos – grãos, carvão e ferro –, em conjunto com sua posição geográfica estratégica, fizeram-na uma peça de fundamental importância para o governo. Este resistiu às exigências da Rada por uma devolução limitada do poder com o argumento de que a

Ucrânia se movera gradualmente na direção do separatismo. Em setembro, Kerenski finalmente endossou o princípio da autodeterminação ("mas somente com base nos princípios que caberá à Assembleia Constituinte determinar") – resposta esta demasiado débil e atrasada, tendo, em novembro, a Rada declarado a Ucrânia uma república.

Polarização social

Na origem da crise que surpreendeu o governo provisório depois de julho, encontrava-se uma grave deterioração da economia. Na primeira metade de 1917, a produção de combustível e de matérias-primas apresentou uma queda de, no mínimo, um terço; em consequência, muitas empresas fecharam as portas temporária ou permanentemente. Em outubro, quase meio milhão de trabalhadores haviam sido demitidos. A crise foi agravada por um caos crescente no sistema de transportes, que levou à falta de pão nas cidades. Entre julho e outubro, os preços quadruplicaram, e o valor real dos salários despencou. Entre fevereiro e outubro, 2,5 milhões de trabalhadores entraram em greve, em busca principalmente de salários maiores; mas, embora as greves tivessem crescido em escala durante o outono, especialmente na região industrial central próxima a Moscou, as conquistas se tornaram cada vez mais difíceis.

> Nós exigimos que o Ministério do Trabalho ordene rapidamente aos donos de fábricas e industrialistas que parem com seu jogo de "gato e rato" e imediatamente deem início a uma maior extração de carvão e minério e também à produção de ferramentas e equipamentos agrícolas, de modo a reduzir o número de desempregados e pôr um fim ao fechamento das fábricas. Se os senhores capitalistas ignorarem as nossas exigências, então nós, os trabalhadores da indústria de laminação de ferro, exigiremos que o controle total de todos os ramos da indústria passe às mãos dos trabalhadores. De vocês,

capitalistas, chorando suas lágrimas de crocodilo, exigimos que parem de chorar pela destruição que vocês mesmos criaram. Suas cartas estão na mesa. Todos já sabem qual é o seu jogo.

Resolução da reunião geral da fábrica de laminação de ferro dos trabalhadores das indústrias Putilov, em agosto de 1917

Os comitês fabris responderam à crise implementando o controle da produção pelos trabalhadores. Sendo as organizações operárias mais próximas ao povo, os comitês foram os primeiros a perceber a mudança das afinidades da classe operária – passando dos socialistas moderados para os bolcheviques. A primeira conferência dos comitês fabris de Petrogrado, no final de maio, aprovou em peso uma resolução bolchevique sobre o controle da economia. Quando a economia começou a desmoronar, os comitês fabris se mobilizaram para impedir o que encaravam como uma "sabotagem" generalizada por parte dos empregadores. O controle operário significava o monitoramento rigoroso das atividades administrativas; seu objetivo não era substituir a administração, mas garantir que a administração não demitisse os trabalhadores para evitar a queda dos lucros. Os empregadores, contudo, se ressentiam de qualquer forma de infringir o seu "direito de administrar", e o conflito de classes irrompeu, assumindo proporções dramáticas. Nas Donbas e nos Urais, os empregadores abandonaram as minas e usinas metalúrgicas que se encontravam em situação difícil, deixando aos comitês o esforço de manter a produção. A ideia do controle operário não emanara de nenhum partido político, mas sim da disposição dos bolcheviques, anarquistas e SRs de esquerda em apoiá-la, sendo um fator de grande importância para o crescimento de popularidade de que gozavam. Em contrapartida, a insistência dos socialistas moderados em indicar que o controle operário simplesmente exacerbava o caos da economia fez com que os trabalhadores se voltassem contra eles.

Na zona rural, os conflitos também começaram a se intensificar durante o verão. Os primeiros sinais de problemas vieram quando camponeses resistiram a tentativas governamentais de fazê-los abrir mão de seus grãos. Durante a guerra, havia ocorrido uma queda no volume comercializado de grãos – de um quarto da colheita antes de 1914 para um sexto em 1917 –, já que os camponeses não tinham qualquer incentivo para vender os grãos quando não havia produtos à venda e quando a moeda estava perdendo valor. Preocupado com o abastecimento de alimentos para o exército e para as cidades, o governo implementou um monopólio estatal da venda dos grãos, mas suas tentativas de induzir os camponeses a vender os grãos a preços fixos gerou hostilidade. Os camponeses preferiram esconder os grãos ou usá-los na produção ilegal de bebidas alcoólicas destiladas. Mais grave ainda: eles se mostraram inquietos com a lentidão do progresso em direção a uma solução da questão das terras. O governo estabelecera uma pesada estrutura de comitês de terra para lidar com os detalhes da reforma, elevando as expectativas dos camponeses, mas relutava em dar início à redistribuição enquanto milhões de soldados ainda estavam no campo. Além disso, estava dividido entre os Cadetes, que insistam que os proprietários de terras deviam ser plenamente recompensados pelas terras deles retiradas, e Chernov, o ministro da Agricultura, que desejava ver a transferência ordeira das propriedades da pequena nobreza para os comitês de terra. Desde o início do verão, os camponeses começaram a tomar para si a aplicação da lei. Agiram com cautela no início, reduzindo unilateralmente os aluguéis ou se recusando a pagá-los, pastoreando o gado ilegalmente, roubando madeira das florestas dos donos de terras e, cada vez mais, se apoderando de pedaços não cultivados pela pequena nobreza, sob o pretexto de que isso faria aumentar o suprimento de grãos do país. Na zona de terra não negra, onde a criação de animais e de gado leiteiro era de importância fundamental, os camponeses se dedicaram a tomar posse de prados e pastos. Por causa da incapacidade de reação das autoridades locais, os atos ilegais cresceram vertiginosamente, estacionando um pouco na época da colheita, mas subindo acentuadamente mais uma vez a partir de setembro. No outono, os camponeses estavam se apossando da terra, do equipamento e dos animais das propriedades da pequena nobreza e redistribuindo-os às claras, principalmente na Ucrânia. Como explicou um camponês: "Os *mujique* (camponeses) estão destruindo os ninhos da nobreza rural para que o passarinho nunca mais volte".

No verão, o discurso democrático posto em circulação pela Revolução de Fevereiro estava sendo suplantado por um discurso de classes – uma mudança simbolizada pelo uso cada vez maior da palavra "camarada" no lugar de "cidadão" como a forma de tratamento predileta. Dado o subdesenvolvimento das relações de classe na Rússia e o papel central desempenhado na política por grupos que não eram de classe, como os soldados e os movimentos nacionalistas, essa transformação foi surpreendente. Afinal, a linguagem de classe, ao menos em sua vertente marxista, havia entrado na política somente depois de 1905; entretanto, fora disseminada por meio de intermináveis greves, protestos, discursos, panfletos, jornais e organizações operárias. A camada de trabalhadores "conscientes", baseada principalmente nas fileiras de jovens qualificados e instruídos, servia como um conduíte por meio do qual ideias de classe e socialismo eram transmitidas para a força trabalhadora mais ampla. O discurso mostrou-se facilmente assimilável, visto que tirava proveito de uma distinção profundamente enraizada na cultura popular – entre "eles", os *verkhi*, aqueles que estavam no topo, e "nós", os *nizy*, aqueles que estavam na extremidade inferior. Em 1917, "nós" poderia significar a classe trabalhadora, a "juventude proletária", as "mulheres trabalhadoras", o "povo trabalhador" ou a "democracia revolucionária". "Eles" poderia significar capitalistas, donos de terra, generais do exército ou, em sua acepção mais básica, *burzhui* – qualquer um que tivesse instrução, comportamento arrogante, mãos macias e sem calos ou óculos. A antipatia nutrida por certos grupos, como engenheiros ou professores da zona rural, é prova de como a retórica de classe podia assumir um caráter arbitrário.

O discurso de classe servia para cimentar os dois blocos de poder adversários e articular conjuntos fundamentalmente divergentes de valores e opiniões sobre a ordem social. Tal discurso estava na origem do processo de polarização política que se intensificou vertiginosamente no fim do verão. Sem dúvida, a grande projeção desse discurso estava ligada à maneira com que o discurso de nação foi apropriado pelos conservadores. Em face do que percebiam como processos elementares de rebelião e de desintegração nacional, os Cadetes apelaram a que a nação pusesse de lado os interesses locais e de classe. Contudo, se o contraste entre classe e nação acentuou-se, o discurso de classe foi, em parte, uma tentativa de contestar a concepção dos Cadetes da Rússia como nação sitiada e de redefinir o sentido de nação nos termos dos trabalhadores, tirando proveito do duplo sentido da palavra russa *narod*, que significa tanto "povo" quanto "nação".

A queda do governo provisório

Kerenski se tornou primeiro-ministro após os Dias de Julho, apresentando-se como "o homem escolhido" convocado para "salvar a Rússia". A pose servia apenas para mascarar sua impotência. Em 19 de julho, numa tentativa de conter a desintegração do exército, ele nomeou o general L.G. Kornilov comandante em chefe supremo. Kornilov aceitou assumir o posto com a condição de que não houvesse interferência dos comitês de soldados nas ordens operacionais e de que a pena de morte se aplicasse não só aos soldados no front – com a qual já se concordava – mas também àqueles na retaguarda. Kerenski esperava usar o general reacionário para reforçar sua imagem de homem forte e para restaurar a desgastada aliança com os Cadetes, muitos dos quais falavam abertamente sobre a necessidade de uma ditadura militar que salvasse a Rússia da "anarquia". Kerenski e

Kornilov concordaram quanto à necessidade de estabelecer um "governo firme" – em outras palavras, eliminar os bolcheviques – e cada um esperava usar o outro para alcançar seus objetivos mais particulares. Em 26 de agosto, contudo, Kerenski voltou-se contra Kornilov depois de receber o que parecia ser um ultimato exigindo que a autoridade militar e civil fosse entregue a um comandante supremo. Acusando Kornilov de conspirar para a derrubada do governo – a questão de se ele realmente o fez é debatida pelos historiadores –, enviou um telegrama demitindo-o do cargo. Quando Kornilov ignorou o telegrama e ordenou que as tropas avançassem sobre Petrogrado, passou, ao que parece, à rebelião aberta. Sua tentativa de golpe, porém, foi mal planejada, e as organizações contrarrevolucionárias clandestinas, que anteriormente o viam como salvador, não reagiram como desejado. Em uma tentativa humilhante de salvar o próprio governo, Kerenski foi forçado a pedir ajuda aos mesmos soviets que estivera planejando colocar de joelhos, já que somente eles poderiam impedir que as tropas de Kornilov chegassem à capital.

A rebelião de Kornilov demonstrou dramaticamente o perigo representado pela "contrarrevolução" e evidenciou de forma incisiva a fragilidade do regime de Kerenski. Ninguém, contudo, poderia ter previsto que sua consequência imediata seria permitir aos bolcheviques realizar uma sensacional volta por cima, após a derrota que haviam sofrido nos Dias de Julho. Em 31 de agosto, o Soviete de Petrogrado aprovou a resolução bolchevique "Sobre o Poder", e os sovietes de Moscou fizeram o mesmo em 5 de setembro. Na primeira metade daquele mês, oitenta sovietes em cidades grandes e médias apoiaram a demanda por uma transferência de poder aos sovietes, embora ninguém tivesse certeza absoluta do que o lema "Todo Poder aos Sovietes" – que pertencia tanto aos anarquistas, aos SRs de esquerda e aos mencheviques internacionalistas quanto aos bolcheviques – realmente significava. No exílio, Lenin escrevera sua obra mais utópica, *Estado e Revolução*, esboçando sua visão de um "Estado de

6. General Kornilov.

comuna" no qual os três pilares do Estado burguês (a polícia, o exército permanente e a burocracia) seriam esmagados, e a democracia parlamentar seria substituída por uma democracia direta baseada nos sovietes. É improvável que muitos, mesmo dentro do Partido Bolchevique, compreendessem o lema dessa forma. Para a maioria dos trabalhadores, o slogan significava uma ruptura da coalizão com a "burguesia", representada pelo governo provisório, e a formação de um governo inteiramente socialista, todas as partes tendo sua representação no CEC Soviético.

Os lemas bolcheviques de "pão, paz e terra" e "todo poder aos sovietes" eram agora proclamados com entusiasmo. A oposição constante do partido ao governo de "capitalistas e donos de terras", a rejeição à guerra "imperia-

43

lista" e as exigências de terra para os camponeses, poder para os sovietes e controle operário pareciam oferecer a centenas de milhares de trabalhadores e soldados um caminho para o progresso. Observando isso acontecer desde seu esconderijo na Finlândia, Lenin se convenceu de que, nos contextos tanto nacional quanto internacional, chegara o momento de os bolcheviques tomarem o poder em nome dos sovietes. Ele bombardeou o Comitê Central com exigências de que este preparasse uma insurreição, chegando até a ameaçar renunciar em 29 de setembro. "A História não nos perdoará se perdermos essa oportunidade de tomar o poder." A maioria dos líderes não demonstrou entusiasmo, acreditando que seria melhor permitir que o poder passasse democraticamente aos sovietes quando ocorresse o Segundo Congresso dos Sovietes, marcado para começar no dia 20 de outubro. Lenin voltou em segredo para Petrogrado e, em 10 de outubro, persuadiu o Comitê Central a se comprometer com a derrubada do governo provisório. Significativamente, nenhum prazo foi estabelecido. Zinoviev e Kamenev se opuseram ferrenhamente à decisão, acreditando que as condições para a revolução socialista ainda não existiam e que uma insurreição provavelmente seria esmagada. Lenin, contudo, argumentou que somente com a tomada do poder o apoio popular a um governo soviético se consolidaria. Ainda em 16 de outubro os ânimos no interior do partido eram contrários a uma insurreição, e a decisão de Zinoviev e Kamenev de tornar pública a oposição que faziam à ideia levou Lenin a um acesso de fúria. Sobrou para Trotski a tarefa de fazer as preparações práticas, o que ele fez, não seguindo o plano de Lenin de lançar uma ofensiva contra a capital liderada por marinheiros e soldados da frente do norte, mas associando a insurreição com a defesa da guarnição e do Soviete de Petrogrado.

Em 6 de outubro, o governo anunciou que metade da guarnição deveria se retirar da cidade para defendê-la contra o arrebatador avanço alemão. Interpretando isso como uma tentativa de livrar a capital de seus elementos mais revolucionários, o Soviete, em 9 de outubro, criou o embrião de

7. Guardas vermelhos em Ecaterimburgo.

um Comitê Militar Revolucionário (CMR) para resistir à retirada. Essa foi a organização que Trotski usou para depor o governo. Não teria havido qualquer possibilidade de obedecer à ordem de Lenin de tomar o poder antes do Segundo Congresso, caso os socialistas moderados do CEC Soviético não houvessem adiado sua abertura do dia 20 para o dia 25 de outubro, evidentemente para proporcionar a Kerenski tempo de preparar um ataque preventivo contra os bolcheviques. Em 20 de outubro, quando o governo ordenou o início da transferência das tropas, o CMR mandou que as unidades não se movessem sem a sua autorização. Na noite de 23 para 24 de outubro, Kerenski deu a Trotski o pretexto que este procurava, quando ordenou que o prelo bolchevique fosse fechado, como preparação para o ataque ao CMR. Em 24 de outubro, unidades militares, reforçadas por grupos armados de trabalhadores, conhecidos como os Guardas Vermelhos, tomaram controle de pontes, estações ferroviárias e outros pontos estratégicos. Kerenski fugiu, incapaz de reunir as tropas para opor resistência aos insurgentes. Na manhã de 25 de outubro, somente o Palácio de Inverno, a sede do governo, ainda não fora tomado. Naquela tarde, Lenin apareceu pela primeira vez em público desde julho, proclamando diante do Soviete de Petrogrado que o governo provisório fora derrubado. "Na Rússia agora devemos trabalhar pela construção de um Estado proletário socialista." Às 22h40, o Segundo Congresso de Sovietes finalmente foi iniciado, tendo por fundo o som distante do ataque de artilharia ao Palácio de Inverno. Os mencheviques e os SRs denunciaram a insurreição como uma provocação à guerra civil e, em protesto, se retiraram, com os insultos de Trotski ecoando em seus ouvidos: "Vocês são uns falidos miseráveis; não têm mais papel nenhum a cumprir. Vão para o lugar que merecem: a lata de lixo da história".

Querido Kolia,

Por que não recebi carta sua? Anda muito ocupado ou é por algum motivo político? Mal consigo acreditar que você não escreve nada há seis meses. O que você anda fazendo? Como estão a vó e a sua mãe? Estão bem de saúde? O que está acontecendo em Tambov? Que novidade tem para contar? Aqui, no momento, não está acontecendo nada digno de nota. É verdade, esses dias bolcheviques me causaram muita ansiedade. Tenho ficado sentado aqui no escritório do telégrafo até as três ou quatro da manhã. O escritório é protegido por cossacos. Estamos no palco das operações militares, e a vida política é sentida com muito mais força do que em Tambov, com tanta força quanto nas capitais. Por favor, escreva. Estou esperando notícias suas. A situação aqui está complicada, mas não tem problema, estou calmo. Temos aqui em Smolensk o ícone da Santa Virgem, por isso no passado todos os desastres nos deixaram intocados. Acreditamos que vai continuar sendo assim no futuro.

Seu tio
Smolensk, 29 de outubro de 1917

A tomada do poder é, muitas vezes, apresentada como um golpe conspiratório contra um governo democrático. Todos os elementos de um golpe estavam presentes – muito embora se tratasse de um golpe amplamente anunciado na imprensa –, exceto pelo fato de que um golpe implica a tomada de uma máquina estatal operante. Tal coisa provavelmente não existia na Rússia desde fevereiro. Não é difícil definir quais foram os motivos do fracasso. Desprovido de legitimidade desde o início, o governo provisório dependia dos socialistas moderados do Soviete de Petrogrado para fazer valer suas ordens. A partir do verão, foi soterrado por uma sucessão de crises em cascata – no front, na zona rural, na indústria e na periferia não russa. Poucos governos poderiam ter lidado com uma situação dessas e certamente não sem um exército com que pudessem contar.

Muitos historiadores argumentam que inexistia a possibilidade de governo democrático na Rússia de 1917. A análise anterior aponta para essa conclusão, mas devemos observar que na primavera havia um entusiasmo muito difundido pela "democracia". Trabalhadores, soldados e camponeses mostravam-se animados pela perspectiva de uma constituição, uma república e direitos civis; contudo, tais questões eram sempre secundárias diante da solução de seus urgentes problemas socioeconômicos. Os sovietes e os comitês fabris – as instituições dedicadas ao fomento da revolução social – é que eram percebidos como autenticamente democráticos. Em outras palavras, desde o início, uma concepção altamente "socializada" da democracia competia com uma noção liberal da democracia ligada à defesa da propriedade privada. As bases para um regime democrático eram frágeis, mas isso não significa que não existissem, não, pelo menos, se pensarmos em termos de um regime que fosse de natureza socialista, e não liberal. Se o Soviete de Petrogrado, havendo tomado o poder em março, houvesse se apressado em convocar a Assembleia Constituinte e enfrentar a questão da terra, os SRs e os mencheviques poderiam ter sido capazes de consolidar um regime parlamentar. Após a rebelião de Kornilov, uma maioria de socialistas moderados finalmente se convenceu da opinião de que a aliança com a "burguesia" tinha de acabar e passou a exigir um fim rápido para a guerra, a transferência de terras para os comitês de terras e a convocação imediata da Assembleia Constituinte. Se essas exigências tivessem sido proclamadas na primavera, isso poderia ter feito toda a diferença. Por outro lado, havia muitos no partido SR cujos instintos em pouco diferiam dos de Kerenski e da vontade daqueles que teriam insistido na continuação da guerra, ao menos até uma conferência internacional de paz (que os Aliados não tinham intenção de realizar). E nisso estava a grande dificuldade, pois o destino da democracia em

1917 foi, em última análise, selado pela decisão de continuar a guerra. Foi a guerra que deu foco às queixas, divergentes em todos os outros aspectos, do povo. Foi a guerra que exacerbou a profunda polarização na sociedade levando-a a um nível homicida. Em 1902, Karl Kautsky, o líder dos sociais-democratas alemães, advertira:

> Uma revolução que surge da guerra é sinal da debilidade da classe revolucionária e, muitas vezes, a causa de novas debilidades, devido ao sacrifício que traz consigo e à degradação intelectual e moral causada pela guerra.

Em última análise, foi a guerra que tornou inexorável a tomada do poder pelos bolcheviques.

Capítulo 2
Guerra civil e a fundação do regime bolchevique

A tomada do poder em outubro gerou uma euforia, um sentimento de que estava para surgir um mundo novo onde a justiça e a igualdade triunfariam sobre a arbitrariedade e a exploração, onde o poder da natureza seria utilizado para assegurar que nada faltasse a ninguém. Aos olhos da maioria dos trabalhadores e soldados, assim como de muitos camponeses, um governo soviético sinalizava terra e liberdade, o triunfo da igualdade e da justiça, a vingança contra as velhas classes privilegiadas e um governo de trabalhadores. Os bolcheviques menosprezavam a acusação de que eram utópicos, insistindo que a tomada do poder estava de acordo com a lógica do desenvolvimento capitalista. Contudo, como os revolucionários de qualquer canto do mundo, eles não tinham como resistir sem uma visão idealizada da sociedade futura. De acordo com a Constituição de julho de 1918, o objetivo era nada menos do que a:

> abolição de toda a exploração do homem pelo homem, a eliminação completa da divisão da sociedade em classes, a supressão implacável dos exploradores, a criação de uma organização socialista da sociedade e a vitória do socialismo em todos os países.

Decididos a demonstrar que eram radicalmente diferentes do hesitante governo provisório, emitiram nada menos do que 116 diferentes decretos até 1º de janeiro de 1918 – sobre as questões urgentes da paz, da terra e do controle operário dos meios de produção, e sobre assuntos tão diversos quanto o divórcio, a autodeterminação dos armênios na Turquia e a reforma do alfabeto.

Apesar das pretensões utópicas, os bolcheviques, de início, mostraram-se cautelosos sobre a questão da efetivação imediata do socialismo, já que sabiam muito bem que nenhuma das precondições materiais para o socialismo existia naquele país destroçado e atrasado. Os bolcheviques esperavam que a revolução irrompesse nos países mais desenvolvidos da Europa, uma esperança de modo algum vã, dada a devastação causada pela Primeira Guerra Mundial. No decorrer de 1918, a guerra de fato levou ao fim os impérios alemão, austro-húngaro e otomano, e os bolcheviques estavam particularmente empolgados pela perspectiva de uma revolução na Alemanha, já que esta possuía uma grande base industrial e uma classe trabalhadora bem organizada. A. A. Ioffe, representante soviético em Berlim, gastou mais de 1 milhão de marcos na tentativa de promover uma revolução de estilo bolchevique, que viria ao socorro da Rússia Soviética. Mas, embora o Kaiser tenha sido derrubado após o armistício em novembro de 1918 e soldados e trabalhadores alemães tenham formado sovietes, a maioria deles chegou à conclusão de que os benefícios de curto prazo de uma reforma eram maiores do que os custos de uma revolução. Até 1923, contudo, a Europa continuou a passar por intensas agitações, e as esperanças bolcheviques eram regularmente renovadas por insurgências na Alemanha, na Itália e no antigo império Habsburgo.

Em 26 de outubro de 1917, o governo soviético convocou as potências beligerantes para dar início a negociações de paz, com as condições de não haver nenhuma anexação ou indenização e de que a autodeterminação fosse concedida às minorias nacionais. O governo também publicou os tratados secretos dos Aliados, para expor as "imundas maquinações da diplomacia imperialista". Não surpreendentemente, a Entente rejeitou o Decreto de Paz, deixando aos bolcheviques pouca escolha a não ser firmar uma paz separada com a Alemanha. Os termos propostos pela Alemanha foram severos, e a maioria do Comitê Central se recusou a aceitá-los. Em 18 de fevereiro de 1918, o Alto Comando

Alemão enviou para o território russo 700 mil soldados, que praticamente não enfrentaram resistência. Em 23 de fevereiro, foram propostos termos ainda mais draconianos. Na reunião do Comitê Central daquela noite, Lenin insistiu que os termos fossem aceitos, angariando sete votos; Trotski, que defendia que nenhuma ação fosse tomada, obteve quatro votos; e a esquerda, que preferia uma guerra revolucionária contra a Alemanha, obteve quatro votos. O tratado de paz foi devidamente assinado em Brest-Litovsk, em março de 1918. Seus termos eram extremamente duros, excluindo do antigo império as províncias bálticas e uma grande parte da Bielorrússia e da Ucrânia, privando a Rússia de acesso a um terço das terras agrárias e ferrovias que pertenciam ao antigo império, de praticamente todo o seu petróleo e algodão e de três quartos de seu carvão e ferro.

> Devemos organizar nossas vidas de acordo com novos princípios operários e socialistas pelos quais a exploração por donos de terras e capitalistas e a divisão entre senhores e escravos não mais existem; pelos quais somente o trabalho e a igualdade governam, pelos quais todos os direitos, benefícios e riquezas pertencem exclusivamente aos trabalhadores. O fortalecimento desses novos princípios trabalhistas exige a aceitação e a implementação de medidas econômicas emergenciais, entre outras, pelo povo trabalhador, começando no vilarejo, passando então para as cidades-mercado, municípios, condados, províncias, regiões, chegando ao centro de todas as Rússias. Exige a criação de um governo único dos trabalhadores para garantir rapidamente as conquistas dos trabalhadores.
>
> Declaração do soviete de deputados camponeses e trabalhadores do condado de Perm,
> 14 de março de 1918

O outro decreto de grande porte emitido pelos bolcheviques abordou a questão da terra, conferindo legitimidade à ocupação aberta de terras da pequena nobreza latifundiária, da Igreja e da coroa e à sua transferência para as mãos dos camponeses. Significativamente, tal decreto não refletia a política de nacionalização do partido – tornar as terras propriedade estatal –, mas sim a política de socialização dos SRs: "a terra passará ao uso de todo o povo trabalhador". Isso deu liberdade às comunas para decidir como as terras seriam distribuídas. A medida gozou de imensa aprovação popular. Nas províncias centrais de terra negra, três quartos das terras dos latifundiários foram confiscados entre novembro de 1917 e janeiro de 1918. O quanto isso contribuiu para a melhoria das condições de vida dos camponeses é difícil dizer, já que os lotes de terra distribuídos aos camponeses não eram de tamanho uniforme nem sequer dentro de um mesmo município; pior ainda, em muitas regiões não havia propriedades de nobres para redistribuir. No âmbito nacional, o lote médio de terra aumentou em cerca de um acre, mas esse número oculta discrepâncias consideráveis. Um pouco mais da metade de todas as comunas não teve qualquer acréscimo de terra. Visto que dois terços da terra confiscada já eram cultivados por camponeses, a quantidade de novas terras que passaram às mãos dos camponeses representava somente pouco mais do que um quinto de toda a área cultivada. Além disso, porém, a situação dos camponeses foi melhorada pela abolição dos aluguéis e liquidação das dívidas. No geral, o principal resultado da redistribuição das terras foi reduzir o grau de diferenciação social entre os camponeses, diminuindo o número das famílias ricas e muito pobres e fazendo crescer as fileiras dos pequenos proprietários de terra que ficavam entre os extremos. Fonte de grande preocupação para o governo era o fato de que, na Rússia e na Ucrânia, as propriedades e fazendas mais voltadas para o comércio e de maior sofisticação técnica foram divididas, o que prejudicou ainda mais a já lamentável produtividade da agricultura.

A expectativa geral era de que a tomada do poder pelos bolcheviques levasse à criação de um governo que representasse todos os partidos no CEC Soviético, enquanto não se realizasse a convocação de uma Assembleia Constituinte. Mas, no dia 26 de outubro de 1917, Lenin formou um Conselho de Comissários do Povo, conhecido como Sovnarkom, constituído por 15 membros, todos eles bolcheviques. Negociações para formar uma coalizão foram iniciadas, mas naufragaram devido à intransigência dos linhas-duras de todos os lados. Cinco bolcheviques renunciaram prontamente aos seus cargos no Sovnarkom, alegando que "consideramos que um governo puramente bolchevique não tem escolha se não manter-se por meio do terror político". Em 10 de dezembro, contudo, os SRs de esquerda, que agora haviam finalmente rompido com o partido principal, concordaram em aceitar sete cargos no governo, com a condição de que o Sovnarkom fosse subordinado ao CEC. Foram eles que ajudaram a elaborar a lei da redistribuição de terras e arquitetaram a fusão do Soviete de Representantes Camponeses de Todas as Rússias – cuja executiva, dominada pelos SRs, havia apoiado a resistência militar contra os bolcheviques – com o CEC.

Antes de outubro, os bolcheviques haviam acumulado um grande capital político com a decisão do governo provisório de adiar as eleições para a Assembleia Constituinte de setembro para novembro, dado que esta simbolizava o poder do povo no coração da revolução. Tendo tomado o poder, contudo, não era de modo algum certo que os bolcheviques obtivessem a maioria na assembleia. Lenin acreditava que o poder soviético, baseado na eleição direta pelos trabalhadores, era superior à democracia parlamentar, já que os parlamentos serviam meramente para camuflar o controle da máquina estatal pela classe capitalista. Os bolcheviques, não obstante, decidiram que as eleições deveriam acontecer. De acordo com o estudo mais recente, 48,4 milhões de votos válidos foram depositados, dos quais os SRs receberam 19,1 milhões, os bolcheviques, 10,9 milhões, os Cadetes, 2,2 milhões e os mencheviques, 1,5 milhão. Os partidos socialistas não russos – em sua maioria simpáticos aos SRs – receberam mais de 7 milhões de votos, incluindo dois terços dos votos na Ucrânia. Os SRs foram claramente, portanto, os vencedores, com a maioria dos votos advinda das áreas rurais. Os bolcheviques receberam a maioria dos votos dos trabalhadores e também 42% dos 5,5 milhões dos votos dos soldados, mas ficou claro que eles não podiam esperar obter maioria na Assembleia. Essa votação, aliás, representou o pico de apoio popular ao partido. Dali em diante, eles foram perdendo apoio, na medida em que os soldados retornavam para suas aldeias e o descontentamento dos trabalhadores aumentava.

A Assembleia Constituinte abriu suas sessões em circunstâncias desanimadoras no dia 5 de janeiro, logo depois que Guardas Vermelhos haviam disparado contra manifestantes pró-assembleia. Os bolcheviques insistiram que os representantes aceitassem o poder soviético como um *fait accompli*, mas os representantes optaram por discutir o programa proposto pelos SRs, elegendo Chernov para a presidência da assembleia. Depois de uma única sessão, os soldados bolcheviques fecharam a assembleia. Não era completamente impossível que se chegasse a um acordo. Cerca de 85% dos representantes eram socialistas – os duzentos representantes do SR haviam cumprido sentenças prisionais e de trabalhos forçados que somavam um total de mil anos – e nas questões cruciais da paz e da terra os SRs haviam se aproximado do posicionamento bolchevique. Mas os representantes não estavam preparados para ceder naquela que era, para os bolcheviques, a questão crucial: o abandono da democracia parlamentarista em favor de uma "ditadura do proletariado", baseada nos sovietes. Ao fechar a Assembleia Constituinte, os bolcheviques indicaram estar prontos para batalhar em defesa de seu regime não só contra as classes exploradoras, mas contra os socialistas também. A dissolução arruinou as chances de um regime democrático na Rússia pelos setenta anos seguintes; por isso, aos bolcheviques cabe a maior parte da culpa. Ainda assim, as possibilidades de um regime socialista democrático haviam se tornado, nesse estágio, extremamente pequenas. É verdade que cerca de 70% dos camponeses votaram nas eleições para a assembleia – mais mulheres do que homens –, mas o fizeram menos por entusiasmo pela política democrática do que pelo desejo de que a assembleia legalizasse sua posse das terras. Quando ficou claro que eles não tinham razão para nada temer na questão da posse de terras, consentiram na dissolução da assembleia, evidenciando a palidez da cultura jurídica e democrática.

O poder soviético foi instituído com surpreendente facilidade – evidência da popularidade da ideia de delegar poder aos trabalhadores. O apoio aos bolcheviques era mais forte nas cidades e regiões com uma classe trabalhadora relativamente homogênea, como a da Região Industrial Central ou dos assentamentos de mineiros nos Urais. Em cidades menos industrializadas, como Moscou e aquelas ao longo do Volga, os bolcheviques, muitas vezes, confiavam na guarnição militar local para declarar o poder soviético; nas capitais das províncias predominantemente agrárias e em cidades menores, os bolcheviques tiveram dificuldades em desalojar os SRs e mencheviques das posições de liderança dos sovietes. Na Sibéria, a revolução foi levada ao longo da ferrovia transiberiana, e o poder soviete encontrava-se declarado em todos os cantos no início de 1918: o apoio aos bolcheviques era forte, embora os camponeses pobres e trabalhadores, normalmente seus partidários mais fiéis, fossem poucos. Na área rural, as reações do campesinato foram, de início, ambíguas. Na província de Saratov, situada na região central do Volga, em novembro, dezenove municípios eram favoráveis ao poder soviético, dois estavam indecisos, oito eram inamistosos e outros oito pura e simplesmente hostis. Em fevereiro, contudo, 86% dos municípios haviam criado sovietes para substituir os zemstvos que, em geral, estavam sob controle dos SRs. No cinturão central de terra negra, o progresso foi um pouco mais lento, com 83% dos municípios criando sovietes entre janeiro e março. Esses sovietes locais acreditavam possuir controle total sobre suas localidades e ignoravam os decretos do centro impunemente. G.I. Petrovski, comissário dos Assuntos Internos, reclamou: "Eles preferem seus interesses locais aos interesses do Estado, continuando a confiscar combustível e madeira destinados a ferrovias e fábricas".

Já na primavera de 1918, havia uma revolta contra os bolcheviques em muitos sovietes de cidades provincianas. Isso, em alguns casos, como em Kaluga ou Briansk, era devido à desmobilização da guarnição local, e, em outros, como em Tver' ou Iaroslavl', ao rápido crescimento do desemprego e ao declínio do suprimento de alimentos. A maneira arbitrária com que os bolcheviques lidavam com a oposição dos sovietes – manipulando suas estruturas ou fechando os mais recalcitrantes – só fez crescer sua impopularidade. Contudo, a reviravolta na sorte dos mencheviques e dos SRs não deve ser exagerada. Novas eleições para o Soviete de Moscou, entre 28 de março e 10 de abril, embora manchadas pela corrupção, deram a eles somente um quarto dos votos. E, mesmo onde conseguiam resultados mais expressivos, a divisão entre os dois partidos significava que eles raramente eram capazes de opor um desafio eficaz aos bolcheviques. Em algumas ocasiões, além disso, o desafio advinha da esquerda, como em Samara, onde SRs maximalistas declararam uma comuna e expulsaram os Guardas Vermelhos. Em 15 de junho, abrindo mão do fingimento de que os sovietes eram organizações pluripartidárias, os bolcheviques expulsaram os mencheviques e SRs do CEC. Isso acabou sendo um passo decisivo na subordinação do CEC ao Sovnarkom. Em 29 de maio, uma circular do partido expôs a lógica da situação: "Nosso partido está na liderança do poder soviético. Decretos e medidas do poder soviético emanam do nosso partido".

Guerra civil

Os anos entre 1918 e 1922 viram um nível de agitação e anarquia sem precedentes desde os "Tempos Terríveis" de 1605-1613, quando lutas entre pretendentes ao trono levaram a Rússia ao caos. A guerra civil embruteceu a vida social em um grau inimaginável, mas, como uma luta épica entre os mundos novo e velho, inspirou idealismo e heroísmo entre as minorias leais que apoiavam as causas Vermelha e Branca. O jovem bolchevique V. Polianski relembrou:

> Todos vivíamos em uma atmosfera de romantismo revolucionário, cansados, exaustos, mas cheios de alegria; animados, cabelos compridos e mal lavados, barba mal feita, mas radiantes e de mente e coração claros.

Contudo, o fato é que a Rússia sucumbiu a um cataclismo econômico e social. A população em território soviético caiu em 12,7 milhões entre 1917 e o início de 1922, em parte apenas por causa da guerra civil propriamente dita. O número de vítimas nas forças armadas soviéticas ficou entre 1.150.000 e 1.250.000; e, quando se somam os óbitos dos Brancos e de forças guerrilheiras e nacionalistas, o número de vítimas da guerra se eleva para entre 2,5 milhões e 3,3 milhões. Muitos mais sucumbiram em consequência de doenças – entre 1917 e 1920, mais de 2 milhões morreram de tifo, febre tifoide, varíola e disenteria –, fazendo com que Lenin advertisse que "ou os piolhos derrotarão o socialismo ou o socialismo derrotará os piolhos". Por fim, o mais terrível: entre 1921 e 1922, até 6 milhões de pessoas morreram de inanição e doenças em uma grande fome que devastou a região do Volga e a Ucrânia. Não sem motivos, o romancista Bóris Pasternak concluiu: "Em nossos dias, até mesmo o ar tem cheiro de morte". Enquanto isso, a brutalização que tivera início com a Primeira Guerra Mundial continuou a passos largos. Grandes quantidades de armamentos estavam agora nas mãos de pessoas comuns, e as autoridades civis eram frágeis demais para estancar o fluxo de violência. Após suas forças varrerem os Vermelhos do norte do Cáucaso em janeiro de 1919, o general P.N. Wrangel lembrou:

> Nos arredores de um dos assentamentos cossacos, nos deparamos com cinco jovens cossacos portando rifles... "Onde estão indo, rapazes?" "Estamos indo pegar uns bolcheviques. Tem um monte deles escondidos nos juncos. Ontem eu matei

sete." Isso foi dito por um garoto de uns 12 anos. Durante todo o conflito intestino, eu nunca senti tão agudamente quanto naquele momento o total horror da guerra fratricida.

A guerra civil foi dominada pelo conflito entre os bolcheviques e os oficiais nacionalistas conservadores que formavam os diversos exércitos Brancos, especialmente o Exército Voluntário do general A.I. Denikin, as forças siberianas do almirante A.V. Kolchak e o Exército Noroeste do general N.N. Iudenich. Contudo, a guerra civil foi mais do que uma simples luta entre Vermelhos e Brancos. Inicialmente, a chamada "contrarrevolução democrática", liderada pelos SRs, representou no mínimo uma ameaça igualmente perigosa ao poder bolchevique. Mais importante ainda, a luta entre Vermelhos e Brancos aconteceu em um contexto de fragmentação do império russo; e os movimentos nacionalistas na Ucrânia em 1918, na Ucrânia, Estônia, Letônia, Lituânia e Finlândia em 1919 e na Polônia, Azerbaijão e Armênia em 1920 complicaram ainda mais as coisas tanto para os Vermelhos quanto para os Brancos. Ademais, a guerra civil teve desdobramentos internacionais, inicialmente em relação ao resultado da Primeira Guerra Mundial, posteriormente em relação à luta por esferas de influência no pós-guerra. Os Aliados intervieram em favor dos Brancos, um fator importante, embora não, em última análise, decisivo do conflito. Por fim, o conflito entre Vermelhos e Brancos mesclou-se com poderosos movimentos guerrilheiros, em especial com o Exército Revolucionário Insurgente da Ucrânia, liderado pelo anarquista N. Makhno. Ações de guerrilha eram lideradas por desertores e havia inumeráveis levantes camponeses.

É razoável interpretar a guerra civil como um processo gradual, tendo início já no movimento de Kornilov e crescendo significativamente após a tomada do poder pelos bolcheviques. Forças soviéticas invadiram a Ucrânia independente em dezembro de 1917. Em fevereiro, haviam conseguido obrigar o emergente Exército Voluntário, que lutava para firmar uma base entre os cossacos das regiões do Don e Kuban, a bater em retirada. Nessas primeiras escaramuças, os Guardas Vermelhos, carabineiros letões e outras forças soviéticas mostraram ser uma força voraz, mas pouco disciplinada; então, sobrou para Trotski, como comissário da Guerra, a tarefa de construir um exército convencional. Nisto, ele encontrou uma resistência empedernida dos defensores da ideia de que a única força de defesa apropriada a uma sociedade socialista era uma milícia de cidadãos. Quando somente 360 mil homens se voluntariaram para o novo Exército Vermelho, Trotski, em 29 de maio de 1918, reinstituiu o alistamento obrigatório. Medidas vigorosas foram tomadas para impor disciplina entre os alistados, na maior parte camponeses. Tais medidas incluíam execução sumária e a devastação de unidades. Sua decisão mais controversa foi colocar ex-oficiais czaristas – "especialistas militares" – em postos de comando operacional, sujeitos à supervisão de comissários político-militares. Para desencorajar a traição e a deserção – poucos simpatizavam com a causa Vermelha –, suas famílias foram feitas reféns, para obrigá-los a se portarem bem. Trotski mostrou ser uma figura inspiradora ao viajar pelo front em seu famoso QG ferroviário; mas ele não era infalível como comandante militar, e seus métodos autoritários fizeram com que perdesse o apoio de muitos. Isso levou à formação de uma Oposição Militar, da qual Stalin era um partidário, que se opôs à implacável centralização do Exército Vermelho no Oitavo Congresso do Partido, em março de 1919.

Uma oportunidade com a qual a "contrarrevolução democrática" não sonhara se apresentou em maio de 1918, quando a Legião Tcheca, um regimento de 38 mil homens recrutados pelo governo czarista dentre prisioneiros de guerra austro-húngaros, se revoltou contra os bolcheviques. Desse momento em diante, é possível falar numa guerra civil total, já que os exércitos agora lutavam em frentes claramente definidas. Dentro de alguns meses, a Legião tomou o controle de uma vasta área a leste do Volga e ajudou os SRs a criar governos dedicados à derrubada dos bolcheviques, à restauração da Assembleia Constituinte e à retomada da guerra contra a Alemanha. A revolta deixou os bolcheviques em pânico. Ordens secretas foram enviadas por Lenin para que a família imperial fosse executada em Ecaterimburgo, de modo a evitar que fosse libertada pelos insurgentes. Na verdade, os SRs se mostraram incapazes de transformar o apoio eleitoral que haviam recebido na Assembleia Constituinte em um apoio político sólido e, o mais grave, na construção de um exército confiável. Onde se mantinham respeitosos à democracia e à lei, eram ineficientes; onde procuravam ser firmes, acabavam caindo em hábitos não muito diferentes dos comuns entre Vermelhos e Brancos. Tendo realizado esforços consideráveis para assegurar a cooperação de militares conservadores, acabaram em dívida para com eles, comprometendo assim aquelas que eram, para os camponeses, as vitórias mais importantes da revolução: a distribuição de terras e a devolução do poder às localidades. O destino das tentativas dos SRs de criar uma "terceira via" entre as ditaduras de direita e esquerda foi selado em 18 de novembro de 1918, quando oficiais cossacos prenderam os membros SRs do Diretório de Omsk e proclamaram o almirante Kolchak "Governante Supremo".

Desse ponto em diante, a guerra civil limitou-se a um conflito entre Vermelhos e Brancos. Os Brancos defendiam a "Rússia, Una e Indivisível", a restauração da importância do Estado, da lei e da ordem e dos valores do Cristianismo Ortodoxo. Eles lutaram para redimir a honra profanada das forças armadas russas e se apresentavam como "acima das classes" e "acima dos partidos". De fato, não formaram um movimento de classe em nenhum sentido estrito, visto que foram lentos no desenvolvimento de projetos que poderiam ter ajudado os donos de terra e os industrialistas a retomar suas propriedades e poderes. No que tangia ao regime político pelo qual estavam lutando, havia pouco consenso a respeito da forma que assumiria. Alguns, como o general Wrangel, do Exército Voluntário, eram monarquistas ardorosos; mas a maioria era favorável a algum tipo de ditadura

8. Trotski passando em revista as tropas Vermelhas durante a guerra civil, 1917.

militar, que possivelmente prepararia o caminho para uma nova Assembleia Constituinte. Em uma tentativa de contornar as discordâncias políticas, os Brancos propuseram o princípio da "não predeterminação", ou seja, o adiamento de todas as decisões políticas até o final da guerra. O que os manteve unidos enquanto isso foi pouca coisa além do ódio que nutriam pelos bolcheviques e da indignação com a conspiração "germano-judaica" infligida sobre o povo russo.

Após um conflito exaustivo, ficou claro, na primavera de 1920, que era apenas uma questão de tempo até que os Vermelhos triunfassem. Os historiadores discordam em suas avaliações dos motivos da vitória dos Vermelhos: alguns enfatizam a debilidade dos Brancos; outros insistem que os Vermelhos possuíam vantagens concretas, mas discordam quanto a estas terem sido de natureza exclusivamente militar ou tanto política quanto militar. Se se comparar os exércitos dos Vermelhos e dos Brancos, fica claro que os Vermelhos tinham algumas vantagens militares. O exército deles era maior: no outono de 1920, havia crescido para mais de 5 milhões de membros – embora nunca tenha enviado mais do que meio milhão de soldados ao front de batalha – em comparação com um total de 2 milhões de soldados Brancos na primavera de 1920. Ademais, embora os exércitos se equivalessem em qualidade – ambos, por exemplo, sofriam com níveis imensos de deserção –, os Vermelhos tinham vantagem em matéria de liderança. O Exército Voluntário foi formado em torno de um núcleo de 4 mil oficiais experientes; mas isso deixou de ser uma vantagem quando os Vermelhos forçaram os "especialistas militares" a se alistarem; com o tempo, os Vermelhos se mostraram capazes de cultivar oficiais talentosos, como V.K. Bliukher e M.N. Tukhachevski. Além disso, os Brancos eram dilacerados por animosidades pessoais, principalmente entre Denikin e Kolchak e Denikin e Wrangel; o conflito entre Trotski e Stalin mostrou-se menos danoso, visto que os bolcheviques tinham uma ideologia que os unia e um líder reconhecido por todos. Por fim, os bolcheviques eram claramente superiores na esfera

9. Baron Wrangel deixa a Rússia.

organizacional. O Exército Vermelho tinha um centro de comando unificado no Conselho Militar Revolucionário da República e era apoiado por instituições como o Conselho de Defesa, que combinava os setores civil e de defesa, a Cheka, e por uma rede partidária subterrânea em áreas ocupadas pelos Brancos.

Talvez a maior vantagem de que os Vermelhos desfrutavam fosse estratégica: a posse de um território compacto e de localização central. Isso significava que eles podiam enviar forças de um front para outro sem grandes dificuldades, já que as ferrovias se irradiavam de Moscou para fora. Em comparação, os Brancos estavam espalhados pela periferia da Rússia europeia. A base do Exército Voluntário no Don distava quase mil quilômetros de Moscou; a base de Kolchak em Omsk estava a quase 3 mil quilômetros de Petrogrado. Qualquer avanço em direção ao centro do poder soviético criava um problema de longas linhas de suprimento e de dificuldades de comunicação. Ademais, o domínio do território central pelos Vermelhos, onde a maioria da população e dos recursos estava concentrada, deu a eles o controle dos centros industriais mais importantes, assim como das provisões do exército czarista. Os Brancos, em comparação, tinham controle apenas de centros secundários da indústria militar nas Donbas e Urais, embora contassem com um suprimento maior de carvão. Por outro lado, tinham uma abundância de alimentos, especialmente na Sibéria e na região de Kuban, de modo que os soldados dos exércitos Brancos eram, em geral, mais bem alimentados do que seus equivalentes Vermelhos, cuja ração normal de 410 gramas de pão por dia era inferior à do exército czarista.

Alguns consideram esmagadoras as vantagens militares dos Vermelhos, mas isso é dar peso demais à análise retrospectiva. Uma vitória militar dos Brancos não era de modo algum impossível; se Kolchak e Denikin houvessem invadido Moscou juntos em 1919, em vez de com um intervalo de cinco meses, ou se Kolchak tivesse chegado a um acordo com o general finlandês Mannerheim (ambas eram possibilidades reais), o Exército Vermelho poderia muito bem ter sido derrotado.

Se os fatores militares e estratégicos são de suma importância para explicar a derrota dos Brancos, os fatores sociopolíticos não podem ser ignorados. Em 1919, todas as administrações Brancas reconheceram que não podiam simplesmente engavetar as questões espinhosas da reforma agrária, da autonomia nacional, das normas trabalhistas e dos governos locais. As diretrizes por eles formuladas, contudo, ofereceram muito pouco e tarde demais e expuseram uma divisão profunda nas fileiras dos Brancos. Primeiramente, no que dizia respeito às terras, todas as administrações brancas aceitaram que não podia haver um retorno ao *status quo*; entretanto, houve um número suficiente de casos de oficiais que devolveram propriedades a seus antigos donos para que ficasse claro aos camponeses que uma vitória dos Brancos significaria a volta dos donos de terras. Sempre que a ameaça Branca se erguia, portanto, os camponeses corriam em apoio aos Vermelhos. Em segundo lugar, os Brancos tiveram de lidar com as nacionalidades não russas; no entanto, o ódio que nutriam pelo que Denikin chamara de "os doces e venenosos sonhos de independência" os impedia de fazer concessões genuínas. Eles se recusavam a reconhecer a independência da Finlândia e dos estados bálticos; a negociar com J. Pilsudski, presidente da Polônia desde novembro de 1918 e a reconhecer um estado ucraniano "separatista". Em contraposição, os bolcheviques, por mais que às vezes alienassem os nacionalistas, estavam dispostos a conceder certo grau de autogoverno. Por fim, apesar de trombetearem devoção ao povo russo, os Brancos não conseguiram forjar um conceito de nação com o qual os camponeses e trabalhadores se identificassem. Tendo a Igreja ao seu lado, eles poderiam ter feito uso da fé ortodoxa da maioria, mas se mostraram demasiado presos a um espírito militarista e estritamente elitista para se adaptarem ao mundo da política de massas. Ironicamente, foram os bolcheviques internacionalistas que fizeram uso de um sentimento patriótico, explorando a dependência dos Brancos em relação aos Aliados para retratá-los como joguetes do capital estrangeiro.

Ao final da guerra civil, o Exército Vermelho se tornara a maior instituição estatal, gozando de prioridade absoluta na alocação de recursos. Na ausência de um proletariado numeroso ou politicamente confiável, ele se tornou, na falta de outra opção, a principal base social do regime. Lutando para defender a terra natal socialista, vivendo em unidades coletivas, sendo suscetível à educação política, o exército mostrou-se terra fértil para os grupos que vieram a ocupar a máquina do partido-Estado nos anos 20. Também mostrou ser o agente por meio do qual a revolução seria levada a novas áreas. Em vez de o socialismo ser difundido por meio de trabalhadores engajados, os bolcheviques passaram a acreditar que o que N.I. Bukharin chamou de "intervenção vermelha" era a melhor maneira de fazer avançar o socialismo. Em 1920, sem o menor constrangimento, o líder bolchevique K.B. Radek podia afirmar: "Nós sempre fomos a favor da guerra revolucionária. A baioneta é uma necessidade essencial para a introdução do comunismo".

Nacionalismo e império

Em outubro de 1917, o império Russo parecia prestes a se desintegrar, assim como aconteceu com os impérios Otomano e Austro-Húngaro; era importante, portanto, que os bolcheviques contassem com diretrizes claras sobre a questão da autodeterminação dos povos não russos. Na verdade, não havia um consenso sobre essa questão. Lenin tinha consciência da opressão que os povos não russos haviam sofrido sob o jugo do czarismo e acreditava que eles deviam receber o direito de se separarem do império, pois só assim haveria alguma chance de que cooperassem com o proletariado russo em longo prazo. A maioria não concordava com essa visão. Em dezembro de 1917, o novo comissário das Nacionalidades, Stalin, expressou a opinião majoritária ao argumentar que a autodeterminação devia ser exercida somente pelas classes trabalhadoras, e não pela burguesia. Por não compartilharem de uma posição inequívoca, portanto, as diretrizes bolcheviques foram determinadas, em grande medida, por considerações de ordem pragmática.

Em 31 de dezembro de 1917, os bolcheviques reconheceram a independência da Finlândia, algo que vinha sendo postergado pelo governo provisório. Nos Bálcãs como um todo, no entanto, eles lutaram contra movimentos de independência nacional, já que o apoio ao poder soviético era forte. Na Letônia, a ocupação alemã enfraqueceu os sovietes e abriu caminho para um governo nacionalista. Na Estônia, onde sovietes governavam muitas cidades, a indiferença dos bolcheviques às suscetibilidades nacionalistas, combinada com o fracasso da tentativa de expropriar os barões alemães, fortaleceu o apoio ao Maapäev, que rechaçou o Exército Vermelho no início de 1919 com ajuda dos Brancos, dos ingleses e de voluntários finlandeses. Em 1920, os bolcheviques já haviam se conformado com a perda da Estônia e da Letônia. Na Bielorrússia e na Lituânia, o movimento nacionalista era frágil, e a derrota da Alemanha deixou um vácuo de poder que os poloneses e os Vermelhos tentaram preencher. Depois da retirada dos alemães, o frágil governo da Bielorrússia ruiu, abrindo espaço para que os Vermelhos tomassem o poder. Em março de 1919, uniram a Bielorrússia com a Lituânia para formar a república soviética Litbel. No mês seguinte, contudo, a Polônia ocupou Vilnius, a suposta capital da Lituânia independente, reintegrou as posses dos senhores de terras e tornou o polonês a língua oficial. O nacionalismo era fraco na Lituânia, sendo a população em grande parte camponesa e a pequena população urbana judia ou polonesa; contudo, os nacionalistas se aproveitaram da guerra soviético-polonesa com grande habilidade para conquistar a independência, ainda que com fronteiras muito reduzidas. Pelo tratado de Riga, os bolcheviques reconheceram a independência dos estados bálticos e de uma Polônia cuja fronteira oriental ocupava grande parte dos territórios de maioria bielorrussa e ucraniana. Assinado em março de 1921, o tratado refletiu a incapacidade tanto da Rússia quanto da Polônia de consolidar nos Bálcãs uma hegemonia semelhante à que a Alemanha outrora conseguira.

A perda da Ucrânia foi algo muito mais difícil de encarar para os bolcheviques. Nada menos do que nove governos caíram no decurso de três anos, mostrando como os nacionalistas, os Brancos e os Vermelhos eram incapazes de tomar o controle. Presos entre os Vermelhos e os Brancos, os esporádicos governos nacionalistas voltaram-se, em busca de proteção, primeiramente para a Alemanha, depois para a Entente e, por fim, para a Polônia. Dilacerados pelas divisões políticas, se viram cada vez mais em conflito com um campesinato que buscava proteção nos grupos guerrilheiros de Makhno e de outros *otomany*, ou chefes. A guerra civil devastou a Ucrânia, mas teve um efeito paradoxal sobre as identidades sociais. Os camponeses ucranianos se voltaram para dentro na medida em que o poder centralizado se dissolveu; contudo, sua identificação com a nação ucraniana saiu fortalecida em consequência da soberania independente. Por duas vezes, os bolcheviques obtiveram o controle da Ucrânia, e, em cada uma delas, a promessa de autodeterminação mostrou-se vazia. Somente em 1920, depois que Moscou retirou os xenófobos russos da liderança do Partido Comunista Ucraniano, a nova administração soviética abordou com seriedade o desejo de autodeterminação. E, em um exemplo repetido em outros lugares, os nacionalistas radicais, reconhecendo que deviam se conformar com menos do que idealmente gostariam, aceitaram a República Socialista Soviética da Ucrânia como uma estrutura dentro da qual poderiam trabalhar.

As ambições por uma unidade transcaucasiana se mostraram passageiras quando o exército russo se retirou da região no inverno de 1917-1918. À medida que o poder russo retrocedia, a influência turca aumentava, exacerbando as tensões étnicas, especialmente entre armênios e azerbaijanos em Baku. Em maio, isso levou ao colapso do Sejm (parlamento) transcaucasiano e ao surgimento de três estados distintos, todos os quais foram assolados por terríveis dificuldades econômicas, predação pelas grandes potências e conflitos mútuos por fronteiras territoriais. No Azerbaijão, nacionalistas Musavat contavam com pouco apoio do campesinato, e o apoio ao poder soviético continuou a ser forte em Baku. As receitas decrescentes oriundas do petróleo levaram a um alto nível de desemprego e a uma disparada da inflação. A Armênia independente, confinada a um pequeno território sem acesso ao mar em volta de Erevan contestado por seus vizinhos, encontrava-se num estado ainda mais indigente, sobrecarregada por refugiados e arruinada pela fome e por doenças. A Dashnaktsutiun (Federação Revolucionária da Armênia) formou um governo de emergência nacional que logo abandonou qualquer pretensão ao socialismo. Na Geórgia, de longe o mais viável dos três estados, os mencheviques obtiveram 80% do voto popular em 1919. Apesar do caos econômico, realizaram reformas agrárias e autorizaram o funcionamento de sindicatos e cooperativas. A

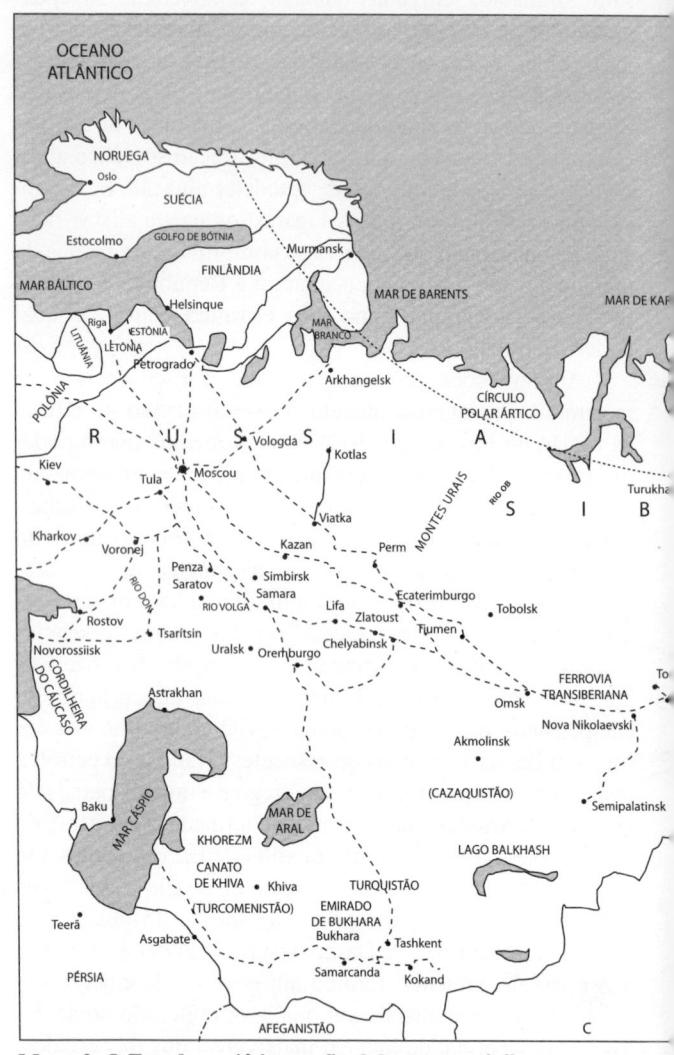

Mapa 2. O Estado soviético ao final da guerra civil.

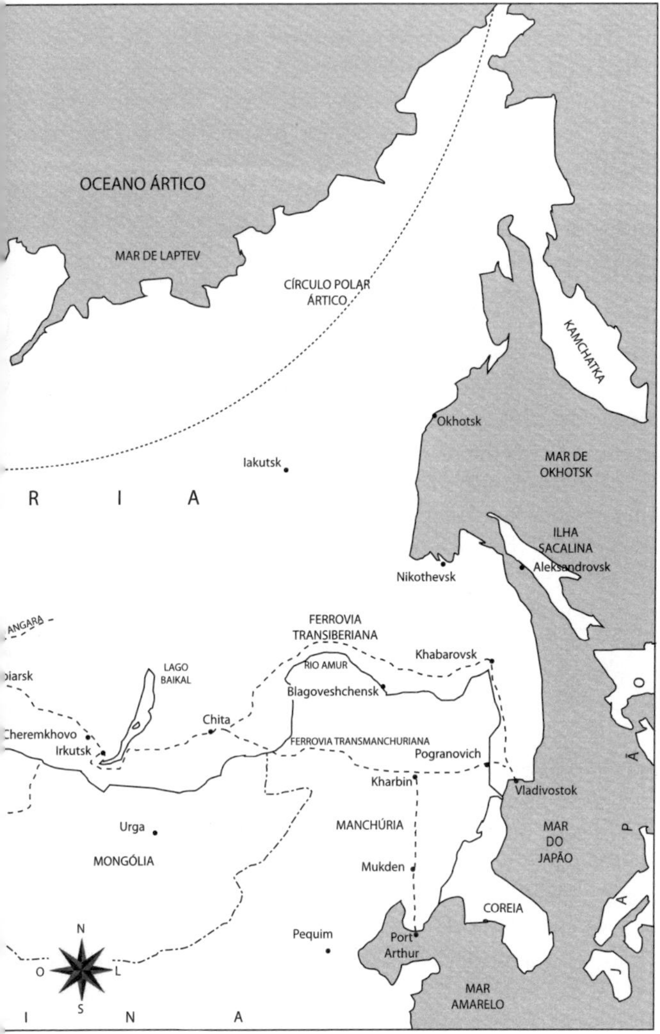
OCEANO ÁRTICO
MAR DE LAPTEV
CÍRCULO POLAR ÁRTICO
KAMCHATKA
Okhotsk
MAR DE OKHOTSK
Iakutsk
R I A
ILHA SACALINA
Aleksandrovsk
Nikothevsk
ANGARA
FERROVIA TRANSIBERIANA
Khabarovsk
RIO AMUR
LAGO BAIKAL
Blagoveshchensk
Chita
Cheremkhovo
Irkutsk
FERROVIA TRANSMANCHURIANA
Pogranovich
Kharbin
Vladivostok
MANCHÚRIA
Urga
MONGÓLIA
MAR DO JAPÃO
Mukden
COREIA
Pequim
Port Arthur
N
O
L
S
MAR AMARELO
I N A

única mácula em seu histórico foi o tratamento brutal dado às minorias étnicas dentro do país.

Por causa de seus recursos minerais e petrolíferos, os bolcheviques estavam determinados a retomar o controle do Transcáucaso. Em abril de 1920, o Exército Vermelho invadiu o Azerbaijão, e, em setembro, a Armênia pediu ajuda ao Exército Vermelho após se envolver em uma guerra com a Turquia. Nesse estágio, muitos nacionalistas em ambos os países viram em suas próprias repúblicas soviéticas a única forma viável de soberania. Na Geórgia, contudo, não aconteceu assim. Em maio de 1920, Moscou reconheceu oficialmente o estado da Geórgia, contra a vontade de comunistas georgianos como S. Orjonikidze, um dos seguidores mais leais de Stalin. Mas, em janeiro de 1921, contrariando as ordens de Moscou de "não autodeterminar a Geórgia", o Exército Vermelho marchou país adentro.

Em 24 de novembro, os bolcheviques convidaram os muçulmanos a ordenar sua vida nacional "livremente e sem empecilhos"; porém, o poder soviético foi, em todos os cantos, estabelecido por homens de etnia russa com uma postura classicamente colonialista em relação ao povo muçulmano. A pretensão de mercadores tártaros, mulás e intelectuais de representar a comunidade do Islã foi alvo de grande ressentimento dos muçulmanos, e não menos dos bashkirs dos Urais do sul, que, embora de parentesco próximo, eram menosprezados por eles por terem desistido do nomadismo relativamente tarde. Radicais tártaros, como M.S. Sultangaliev, na ausência de um proletariado de proporções consideráveis, aproveitaram a criação de um Exército Vermelho Muçulmano como veículo para criar um estado tártaro-bashkir que se estenderia desde a região central do Volga até os Urais. Inicialmente, os bashkirs tentaram concretizar suas aspirações pedindo o apoio dos Brancos, mas pouco tempo se passou antes que muçulmanos reformistas e extremistas políticos fossem para o lado dos comunistas. Temendo se tornarem sócios juniores em um estado tártaro-bashkir, insistiram e conseguiram sua própria república socialista soviética autônoma (RSSA) em março de 1919. Já em junho de 1920, contudo, alguns começaram a se bandear para um movimento guerrilheiro conhecido como *basmachi*, por estarem indignados com interferências dos comunistas russos em seus assuntos. Na Crimeia também a ala esquerdista da Milli Firka nacionalista se juntou aos comunistas; quando a Cheka extirpou toda a oposição, uma RSSA da Crimeia foi proclamada em outubro de 1921. Enquanto isso, na região central do Volga, uma RSSA tártara foi, por fim, criada em maio de 1920, mas deixou 75% dos tártaros dispersos do lado de fora de suas fronteiras. Sultangaliev e seus aliados, que formaram o núcleo do Partido Comunista do Tartaristão, por um breve período usaram, com brilhantismo, a oportunidade de possuir um estado próprio para fomentar uma identidade nacional entre os tártaros.

No Turquestão, ainda havia pouco consenso sobre se a nação devia se concretizar em uma escala panturquistanesa ou se os povos deveriam formar estados distintos. Nas estepes, o Alash Orda proclamou a autonomia cazaque em dezembro de 1917 e pediu apoio aos Brancos em face do avanço do Exército Vermelho. Na primavera de 1919, contudo, a hostilidade de Kolchak para com a autonomia cazaque levou-o a um acordo com os bolcheviques. Em agosto de 1920, os cazaques receberam um sistema de governo próprio na forma de uma RSSA, sendo as estruturas de vilarejos e clãs reconfiguradas em sovietes. Em Tashkent, o Conselho de Comissários do Povo do Turquestão recusou-se a reconhecer o governo autônomo de Kokand, sendo este dominado, como já era, por muçulmanos reformistas e clérigos conservadores. Em fevereiro de 1918, foi responsável por um massacre terrível, queimando Kokand e chacinando quase 60% de seus habitantes. Moscou interveio para conter tais excessos e fez com que dez muçulmanos recebessem cargos em uma nova República do Turquestão. Esse novo governo, contudo, acabou por indispor a população nativa, ao tomar terras dos clérigos, fechar escolas religiosas e abolir as cortes da *shariat*, de modo que, em 1919, mais de 20 mil haviam se juntado às guerrilhas. Após a captura de Bukhara em setembro de 1920, o movimento guerrilheiro se espalhou por toda a Ásia Central, adquirindo um pronunciado caráter islamista. Só no ano de 1925 foi derrotado em definitivo. As repúblicas populares de Khorezm e Bukhara – suas economias pré-industriais impediam que fossem chamadas de "socialistas" – e a RSSA do Turquestão duraram até 1924, quando repúblicas distintas – Uzbeque, Turcomena, Tadjique e Cazaque – foram criadas.

No geral, a guerra civil fortaleceu as identidades nacionais, mas aprofundou as divisões internas dos movimentos nacionalistas. A maioria dos nacionalistas mostrou ser incapaz, política ou militarmente, de permanecer neutra na luta entre Vermelhos e Brancos, e muitos acabaram em dívida com Alemanha, Turquia, intervencionistas aliados ou Polônia. A maioria não contava com um apoio popular sólido (havia exceções, como no caso da Geórgia) e caiu vítima de conflitos danosos sobre políticas econômicas e sociais, especialmente concernentes à questão da terra. Ao final da guerra civil, os bolcheviques ofereceram aos nacionalistas menos do que muitos destes desejavam – embora valha a pena lembrar que, em 1917, poucos aspiravam à independência nacional completa –, porém muito mais do que era oferecido pelos Brancos, pelos Aliados, pelos alemães ou pelos turcos. Ao mesmo tempo, os bolcheviques exploraram a debilidade do nacionalismo para reintegrar a maior parte dos territórios não russos à União Soviética. Em 1922, o território do Estado soviético era somente 4% menor do que o do império czarista. Ademais, a lógica dessa reincorporação foi determinada por muitas das mesmas considerações geopolíticas, econômicas e de segurança que haviam governado a expansão do Estado czarista. Um território colossal não dividido por características geográficas ou étnicas bem definidas, a localização desfavorável dos recursos minerais e, acima de tudo, a competição com estados rivais encorajaram a reconstituição de um Estado semi-imperial centralizado. Isso não significava que os bolcheviques fossem simplesmente imperialistas da velha escola, que seu compromisso com a autodeterminação dos povos não passasse de fraude. Apesar do racismo desenfreado – de natureza prática, não ideológica – de certos bolcheviques e do fato de que o centro jamais foi inequivocamente favorável a que se conferisse autonomia nacional, a política nesse período era, em geral, animada pelo internacionalismo. Não é possível explicar de outra maneira por que tanta energia foi dedicada à construção de alianças com movimentos nacionais ou à formulação de estruturas políticas para a autodeterminação. Antes de 1917, os bolcheviques haviam feito oposição ao conceito de federalismo, preferindo "autonomia regional" dentro de um Estado unitário. Contudo, aqui e ali, em resposta a forças que desafiavam seu controle, passaram a reestruturar o antigo império como uma federação de repúblicas soviéticas constituídas com base em diretrizes étnico-nacionais. Uma forma de federalismo que concedia aos povos não russos certa proporção de autonomia política e também direitos amplos de autoexpressão cultural pareceu a melhor maneira de reconciliar os impulsos centrífugos do nacionalismo com o impulso centralizador da ditadura do proletariado.

Ditadura do partido

Em dezembro de 1917, a Cheka preparou-se para "suprimir todas as tentativas e atos de contrarrevolução e sabotagem". Em pouco tempo, transformou-se em um dos mais poderosos órgãos estatais, envolvendo-se não só na eliminação de contrarrevolucionários – não eram poucos – mas também no combate à especulação, à corrupção e ao crime. No outono de 1918, a Cheka era associada, acima de tudo, com o Terror Vermelho. Os bolcheviques inicialmente insistiram que o terror era um método legítimo de defesa da ditadura do proletariado, mas prometeram usá-lo somente como último recurso. Já em janeiro de 1918, contudo, Lenin avisou: "Até que usemos o terror contra os especuladores – abrindo fogo contra eles sumariamente –, nada vai acontecer", induzindo

I.N. Steinberg, dos SRs de esquerda, a perguntar por que, nesse caso, ele deveria desperdiçar seu tempo servindo como comissário da Justiça. Foi somente com o ataque quase fatal realizado contra Lenin pelo anarquista F. Kaplan em 30 de agosto de 1918 que o terror elevou-se à condição de política oficial. O maior jornal de Petrogrado berrava: "Pelo sangue de Lenin [...] que se derramem enxurradas de sangue burguês – mais sangue, o máximo de sangue possível".

> Minhas palavras a você, seu animal sedento de sangue. Você se intrometeu nas fileiras da revolução e impediu que a Assembleia Constituinte se reunisse. Você disse: "Abaixo as prisões, abaixo os fuzilamentos, abaixo o serviço militar. Que os trabalhadores assalariados tenham segurança". Resumindo, você prometeu montanhas de ouro e uma vida paradisíaca. As pessoas sentiram a revolução, começaram a respirar melhor. Tivemos permissão para nos reunirmos, para dizer o que quiséssemos, sem temer coisa alguma. Então você, seu sanguessuga, veio e tirou a liberdade das mãos do povo. Em vez de transformar prisões em escolas, elas estão cheias de vítimas inocentes. Em vez de proibir os fuzilamentos, você organizou um terror, e milhares de pessoas são fuziladas cruelmente todos os dias; você paralisou a indústria, e os trabalhadores agora estão famintos, o povo não tem o que vestir ou calçar.
>
> Carta de um soldado do Exército Vermelho a Lenin,
> 25 de dezembro de 1918

Entre 1918 e fevereiro de 1922, estima-se que 280 mil pessoas tenham sido mortas pela Cheka e pelas Tropas de Segurança Interna, cerca de metade delas no curso de operações para eliminar os insurgentes camponeses. Isso indica que talvez 140 mil tenham sido executadas diretamente pela Cheka – um número apavorante, é certo, mas que deve ser entendido no contexto dos 600 mil soldados ingleses e franceses sacrificados no Somme em 1916 com a finalidade de avançar onze quilômetros. O Terror Vermelho foi de natureza tanto espetacular – concebido para incutir o terror no coração da população – quanto "burocrática". De acordo com estatísticas da Cheka, 128.010 pessoas foram presas na RSFSR (República Socialista Federativa Soviética Russa) em 1918-1919, das quais 42% foram soltas; das restantes que foram a julgamento, quase 8% foram fuziladas, e o resto encarcerado ou condenado a trabalhos forçados. Em comparação, o Terror Branco, alvo de atenção muito menor, era normalmente concretizado quando oficiais permitiam que seus homens cometessem vandalismo. Na Ucrânia, pelo menos 100 mil judeus pereceram nas mãos de soldados indisciplinados de Denikin e do nacionalista ucraniano S.V. Petliura. Nos círculos mais altos dos bolcheviques, frequentemente se expressava a preocupação de que a Cheka estivesse fora de controle; contudo, as tentativas recorrentes de contê-la nunca tiveram vida longa, principalmente porque Lenin se recusava a aceitar que freios e contrapesos institucionais fossem necessários para inibir o desrespeito à lei e a corrupção.

Os partidos socialista e anarquista se mostraram incapazes de opor um desafio coordenado à ditadura de partido único em processo de fortalecimento. Após o golpe de Kolchak, em novembro de 1918, os SRs se distanciaram do projeto de derrubar o regime pela força. A maioria das organizações concordou em tornar prioridade a luta contra os Brancos, mas foi incapaz de concordar sobre até que ponto a luta contra os bolcheviques também era necessária. Em três momentos de crise entre 1918 e 1919, os bolcheviques, por um breve espaço de tempo, legalizaram os SRs, mas era claro para onde sua política tendia. Em 1920, a maioria do Comitê Central estava na cadeia. Após a paz de Brest-Litovsk, os SRs de esquerda também se bandearam para a oposição ao regime. Em julho de 1918, tendo assassinado o embaixador alemão, lideraram uma insurgência quixotesca em Moscou, formulada para obrigar os bolcheviques a romper com o "oportunismo". Isso resultou no banimento do partido, banimento este que foi posteriormente suavizado em diferentes épocas. Os SRs de esquerda agora sucumbiam a um número impressionante de cismas: em outubro de 1918 seu contingente havia caído dois terços em relação a um pico de quase 100 mil membros em junho. Na Ucrânia, os SRs de esquerda realizaram atividades guerrilheiras atrás das linhas de Petliura, mas grupos diversos de "ativistas" – liderados pela temível Maria Spiridonova – se recusaram a afrouxar a luta pela derrubada dos bolcheviques e pela criação de uma "ditadura do proletariado". Em 1920, no entanto, os mais obstinados estavam em minoria, a maior parte desse partido esgotado rejeitando a luta armada contra o regime. Os conflitos entre os mencheviques eram menos danosos, mas eles também sofreram uma redução drástica na militância – de aproximadamente 150 mil membros em dezembro de 1917 para menos de 40 mil no final de 1918. Alguns poucos se juntaram aos governos antibolcheviques no verão de 1918, mas as facções de centro e de esquerda – o grosso da militância – apoiaram o Exército Vermelho, enquanto procuravam defender a integridade dos sovietes e dos sindicatos. Em alguns sovietes, como o de Tula, e em alguns sindicatos, como os dos tipógrafos e trabalhadores da indústria química, os mencheviques mantiveram o domínio, a despeito do assédio prolongado da Cheka. No outono de 1921, porém, apenas 4 mil deles ainda possuíam suas credenciais partidárias.

Os bolcheviques desprezavam os partidos de oposição – encarando-os como, na melhor das hipóteses, oportunistas, e, na pior, contrarrevolucionários. Já que acreditavam que somente um partido – o deles – poderia representar o proletariado, outros socialistas e anarquistas eram, por definição, representantes da "pequena burguesia". A decisão de banir por completo os partidos de oposição, porém, não foi simplesmente uma expressão ideológica, visto que os bolcheviques fizeram concessões táticas a tais partidos em diversas ocasiões, mesmo que sem concessões substanciais ou douradouras. Os bolcheviques acreditavam lutar pela defesa de um Estado socialista embrionário contra as forças do imperialismo mundial. Aqueles, como os SRs, que adotaram a opção de pegar em armas contra o regime bolchevique, ou aqueles que, como os mencheviques, professavam apoio ao Exército Vermelho, mas se davam o direito de criticar duramente o regime, estavam prestando auxílio ao inimigo. À medida que a guerra civil se intensificava, as atitudes dos bolcheviques se tornavam mais duras, de modo que o que começou como uma restrição pragmática transformou-se em determinação a eliminar os partidos oposicionistas de uma vez por todas. Mas, se a responsabilidade pela criação da ditadura de partido único recai sobre os bolcheviques, isso não exime a oposição de certa responsabilidade por seu próprio destino. Depois de outubro, os partidos de oposição enfrentaram um cenário para o qual suas ideologias não os haviam preparado bem e caíram, sendo vítimas de conflitos internos ferozes e debilitantes. Em grande parte, também fracassaram em tirar vantagem do amplo descontentamento popular com os bolcheviques – fracasso evidente, por exemplo, na incapacidade dos SRs de esquerda em fazer oposição aos comitês de camponeses pobres, extremamente impopulares. Isso foi, em parte, portanto, um fracasso de liderança política. Mas os partidos de oposição foram aprisionados pelo dilema de todas as guerras civis, que deixam pouco espaço para terceiras forças. Apesar da fúria contra o governo, a maioria dos trabalhadores e camponeses identificou a luta dos Vermelhos com a defesa da revolução, e, quando os bolcheviques disseram que ou se estava com eles ou se estava contra eles, a lógica de tal afirmação pareceu irrefutável.

As tarefas imensamente problemáticas de recrutar, alimentar e transportar o Exército Vermelho, de extrair grãos de um campesinato indisposto e de superar o paroquialismo e a inércia dos lugarejos criaram pressões insuportáveis para que a tomada de decisões fosse centralizada na cúpula partidária. Ademais, as constantes emergências de guerra alimentaram a pressão para que as decisões fossem tomadas num curto espaço de tempo e implementadas à força. O resultado disso foi o partido operar cada vez mais como um exército. Em

10. Trem descarrilado com dois soldados do Exército Vermelho.

1919, o Comitê Central do que então era conhecido como o Partido Comunista Russo (bolchevique) havia se tornado o centro onde se tomavam todas as decisões essenciais antes de repassá-las ao Sovnarkom ou ao CEC Soviético para subsequente implementação. O Comitê Central era dominado por uma oligarquia cujos membros eram Lenin, Trotski, Kamenev, Zinoviev, Stalin e Bukharin, mas jamais restou dúvida de que Lenin era o primeiro entre os pares. As qualidades de Lenin – a autoridade moral e a capacidade de liderança, em especial a habilidade de equilibrar intransigência com concessões – eram o que mantinha a oligarquia unida. Não havia rupturas faccionais profundas dentro do Comitê Central, embora um grupo sem contornos nítidos se ressentisse do talento e da influência de Trotski. Em 1921, o Comitê havia dobrado de tamanho para lidar com o volume crescente de trabalho; e, já que suas reuniões eram relativamente pouco frequentes, um Politburo de cinco, formado em 1919, se encarregava das questões mais urgentes. Este se reunia pelo menos uma vez por semana e rapidamente se tornou o corpo decisório mais importante do partido-Estado. A morte súbita por influenza, em março de 1919, de Ia.M. Sverdlov, o secretário do partido, um homem de energia inesgotável, permitiu a rápida expansão do Orgburo e do Secretariado. Dado o papel que o partido cumpria na direção das diferentes agências de governo, isso significou que a responsabilidade do Orgburo de nomear funcionários deu a Stalin, seu presidente, um vasto poder.

A luta de vida ou morte para preservar o Estado frente à contrarrevolução interna e à intervenção externa, além da necessidade de lidar com um fluxo contínuo de emergências, levou a uma mudança gradual na cultura do partido. A necessidade primordial de tomar decisões rápidas e concretizá-las significava que o debate e a democracia interna seriam progressivamente relegados à categoria de luxos dispensáveis. Essa mudança cultural estava ligada, num nível mais profundo, a uma mudança na natureza do partido, que deixou de ser um corpo conspiratório dedicado à destruição da velha ordem para se transformar num corpo comprometido com a construção e administração de um Estado. Gradualmente, a gama de opiniões aceitas no partido se afunilou. Ao fim da guerra civil, era inconcebível que um bolchevique defendesse – como era perfeitamente possível em outubro de 1917 – que outros partidos socialistas deveriam ter representação nos sovietes, ou que a liberdade de imprensa deveria se estender a publicações "burguesas". Simultaneamente, na medida em que o debate na esfera pública mais ampla minguava, devido à repressão à imprensa e à eliminação da oposição, o próprio partido tornou-se a arena do desenrolar dos conflitos políticos. Facções como os Centralistas Democráticos vociferavam contra a "ditadura da burocracia partidária" na vã esperança de reconciliar a centralização da tomada de decisões com a participação dos escalões mais baixos nos assuntos do partido e do soviete; e a Oposição dos Trabalhadores se uniu para combater as tentativas de reduzir os sindicatos à impotência. Porém, era inexorável a tendência de que a tomada rápida de decisões excluísse o debate e as discordâncias. No Décimo Congresso do Partido, em março de 1921, tendo por pano de fundo o rugido distante dos canhões de

Kronstadt, as facções foram banidas, uma medida supostamente temporária. A medida jamais foi revogada.

Ao se transformar na espinha dorsal do novo Estado, o partido começou a atrair pessoas que outrora jamais teriam sonhado em se tornar revolucionárias. Entre o oitavo congresso, em março de 1919, e o décimo, o partido cresceu de 313 mil membros para 730 mil, ainda assim uma proporção pequena da população. A proporção de membros trabalhadores caiu em cerca de um quinto, para 41%, mas muitos destes eram, na verdade, ex-trabalhadores que passaram a deter cargos na administração estatal, no gerenciamento econômico ou no Exército Vermelho. O restante da militância era mais ou menos igualmente dividido entre camponeses (em sua maioria soldados) e funcionários de colarinho branco (a maioria dos quais trabalhava nos aparelhos do Estado). Às vésperas do Décimo Congresso do Partido, L.B. Krasin declarou:

> A fonte das aflições e dos aborrecimentos que estamos sofrendo é o fato de que o Partido Comunista é formado por 10% de idealistas convictos, dispostos a morrer em nome da causa, e 90% de parasitas sem consciência, que se juntaram ao partido com o objetivo de conseguir um cargo.

Krasin estava certamente exagerando, mas articulou uma percepção muito difundida de que o partido estava sendo sequestrado por carreiristas. De fato, foi precisamente nessa época que os membros dos escalões mais baixos começaram a criticar os privilégios de que desfrutavam aqueles da "cúpula". Quais privilégios eram esses? Vejamos a anotação de 24 de novembro de 1919 no diário do escritor Kornei Chukovski:

> Ontem estive na casa de Gorki. Zinoviev estava lá. Na entrada, espantei-me ao ver um carro magnífico, em cujo banco encontrava-se casualmente jogada uma pele de urso. Zinoviev – baixo e gordo – falava numa voz rouca e saciada.

Enquanto isso, na medida em que o Estado adquiria cada vez mais funções, suas estruturas proliferavam. Em 1920, nada menos do que 5,8 milhões de pessoas trabalhavam para o partido-Estado. Muitos haviam trabalhado nos mesmos empregos antes da revolução, e poucos nutriam muita simpatia por ela. O exército de datilógrafos, arquivistas, tesoureiros, contadores, almoxarifes e motoristas tinha um baixo nível educacional, relutava em tomar iniciativas e era ineficiente e imbuído de uma ética burocrática e de rotinas. Os funcionários tendiam ao autoritarismo ao mesmo tempo em que prestavam deferência aos superiores hierárquicos, à cata de privilégios mesquinhos e para defender seus limitados territórios departamentais. No interior, onde havia menos funcionários herdados do regime czarista, surgiu uma nova raça de funcionários "soviéticos", muitos dos quais haviam servido no Exército Vermelho. Um relatório da Cheka da província de Penza no verão de 1920 serve de ilustração:

> No interior devemos saciar os apetites daqueles "comissários" que, ao entrar nos vilarejos, consideram seu dever sagrado beber até cair e então gozar de outros prazeres, como estuprar mulheres, dar tiros e assim por diante.

Naquele ano, o Comissariado de Controle Estatal recebeu dezenas de milhares de queixas relativas a subornos, negociatas, desfalques, bebedeira e vandalismo, principalmente da parte de oficiais dos sovietes municipais.

> No início de setembro deste ano, na abençoada cidade de Sergiev-Posad, na província de Moscou, P.V. Krutov, um antigo trabalhador do partido e membro da milícia do município de Bulakvoskaia, foi preso enquanto retornava de uma visita à sede da milícia distrital em Sofrino e jogado na cadeia do comissariado militar do condado. Isso por causa do capricho de algum "chefe" que, quando perguntado "Quem vai lá?", respondeu "Esteja preso", supostamente por ter pensado que Kru-

tov fosse um desertor com os documentos errados. Tendo passado várias horas na prisão, sem saber o que estava acontecendo, o camarada Krutov conseguiu convencer um soldado do Exército Vermelho não filiado ao partido a libertá-lo, de modo que ele pudesse explicar pessoalmente a seus camaradas comunistas o que acontecera e pedir a eles para defender sua honra de membro do Partido Comunista. Ele se dirigiu imediatamente à comissão de desertores do condado onde, supôs, os documentos tomados dele estariam. Mas que "defesa genuinamente comunista" o aguardava! O presidente da comissão de desertores de Sergiev, o comunista Kalmikov, inicialmente atormentou o camarada Krutov, fazendo-o esperar, como acontece em todo lugar. Depois, ordenou que pegasse seus documentos na sala 26, mas eles não estavam lá. Quando Krutov reapareceu no escritório de Kalmikov para requerer seus documentos, Kalmikov mostrou-se um verdadeiro gendarme czarista, rosnando para Krutov: "Mandaram que você esperasse lá. SAIA DAQUI!" É assim que "comunistas leais" abusam de seus poderes aqui nas províncias e ressuscitam precisamente (e conscientemente) os comportamentos czaristas.

– Carta de S. Kriukov, soldado do Exército
Vermelho e membro nº 219258 do partido,
para o jornal *Bednota*, 20 de setembro de 1920

Em 1920-1921, houve uma crise de autoconfiança dentro do Partido Comunista. O descontentamento com a tendência na direção do autoritarismo, exemplificada na supressão do debate e na maneira arrogante com que o Secretariado tratava organizações de níveis inferiores, juntou-se com o descontentamento com o carreirismo e a corrupção que grassavam no partido-Estado em um debate angustiado sobre a natureza e as causas da "burocracia" na nova ordem. Tanto os líderes quanto os Centralistas Democráticos acreditavam que sua origem fosse a entrada no partido-Estado de "alienígenas de classe". Ambos concordavam que a chave para resolver o problema estava na promoção dos trabalhadores a cargos de responsabilidade. Nenhum dos lados, contudo, percebeu que a principal causa da "burocracia" estava na expansão colossal do próprio partido-Estado. Tampouco perceberam que os proletários promovidos a cargos burocráticos não necessariamente teriam um comportamento diferente daqueles que no passado haviam trabalhado para a administração czarista, já que os burocratas são motivados pelas funções técnicas que lhes cabem. Onde a liderança e a oposição divergiam era quanto à exigência da oposição por uma maior democracia interna no partido, que servira para contrabalançar a burocracia. Quando o líder dos Centralistas Democráticos exigiu novos limites à liberdade do Comitê Central, Lenin respondeu:

> A democracia socialista soviética não é incompatível com a administração por uma só pessoa ou com a ditadura. Um ditador pode às vezes expressar a vontade de uma classe, já que às vezes ele sozinho é capaz de realizar mais coisas e é, portanto, mais necessário.

Essa era uma posição da qual Lenin jamais recuaria. Desde 1917, passara a acreditar que a centralização do poder era de importância vital para o resguardo da revolução; o máximo admissível era que as massas monitorassem aqueles que governavam em seu nome.

Capítulo 3
Comunismo de Guerra

Depois de outubro, a economia foi, em grande velocidade, da crise à quase ruína. No período de 1920-1921, a produção industrial foi equivalente a um quinto, a produtividade média de trabalho caiu a um terço e a produção de carvão e de bens de consumo despencou a um quarto do nível de 1913. A produção em queda acentuada, agravada pelo bloqueio dos Aliados e pela desorganização do sistema de transporte, impôs severas restrições à liberdade de ação dos bolcheviques. Para mobilizar as forças debilitadas da indústria e da agricultura a responderem às necessidades da guerra, colocaram em prática políticas que foram posteriormente rotuladas de "Comunismo de Guerra". Essas políticas consistiam em um sistema extremamente centralizado de administração econômica, nacionalização completa da indústria, monopólio estatal dos grãos e outros produtos agrícolas, proibição do comércio privado e restrição à troca de dinheiro por mercadorias, racionamento de bens de consumo essenciais e organização do trabalho de acordo com uma disciplina militar. Os historiadores ainda debatem se essas políticas tiveram origem na intenção dos bolcheviques de avançar o mais rápido possível em direção ao comunismo ou se foram ditadas principalmente pelas necessidades impostas pelo colapso econômico e pela guerra civil, tendo base mais no pragmatismo do que na ideologia.

Os bolcheviques chegaram ao poder determinados a impor uma regulação estatal à economia, mas incertos de até que ponto ela poderia ser modificada segundo diretrizes socialistas. O Conselho Central dos Comitês Fabris pressionou por um Conselho Econômico Supremo que regulasse a economia e as finanças estatais; este foi estabelecido em 2 de dezembro, em conjunto com uma forma "ativa" de controle operário da produção, como elemento essencial desse sistema de regulação econômica. O Decreto sobre o Controle Operário aprovado em 14 de novembro – o terceiro mais conhecido e de maior incidência popular dos decretos fundadores emitidos pelos bolcheviques, antecedidos pelos decretos da paz e da terra – ficou obsoleto depois de poucas semanas, quando os bolcheviques decidiram que a maré crescente do caos econômico exigia que os comitês fabris fossem integrados à estrutura mais centralizada dos sindicatos. Inicialmente, Lenin parece ter pensado que as medidas socialistas estavam no programa, visto que ele ratificou decretos que nacionalizavam os bancos, as ferrovias, a marinha mercante e muitas minas e empresas de sociedade anônima. Contudo, durante o rigoroso inverno, seu entusiasmo pela nacionalização arrefeceu; em março de 1918, Lenin proclamava que o "capitalismo estatal será a nossa salvação", querendo dizer com isso que a maioria das empresas permaneceria privada, mas estaria sujeita à regulação imposta por cartéis comandados pelo Estado. Isso nunca saiu do papel, já que poucos capitalistas estavam dispostos a cooperar com o Estado proletário. Ademais, essa foi precisamente a época em que a pressão pela nacionalização estava se intensificando nas bases, na medida em que os comitês fabris e os sovietes "nacionalizavam" empresas cujos proprietários haviam fugido ou eram suspeitos de sabotagem. Entre novembro de 1917 e março de 1918, 836 empresas foram "nacionalizadas" dessa maneira desde a base. Incapaz de resistir a essa tendência e ciente de que o Tratado de Brest-Litovsk o tornava refém da obrigação de pagar compensações a estatais alemãs que possuíam ações em empresas privadas russas, o governo, em 28 de junho, deu um passo decisivo em direção à nacionalização em plena escala, tomando para si a propriedade de cerca de 2 mil empresas de sociedade anônima. Desse ponto em diante, o impulso nacionalizador mostrou-se irreversível, motivado principalmente pela convicção de que era uma evidência do avanço em direção ao socialismo.

Depois de outubro de 1917, o índice desastroso de produtividade industrial despencou ainda mais, em decorrência do desgaste das máquinas, de problemas de fornecimento e da queda na intensidade de trabalho, causada, por sua vez, por uma dieta pobre, por faltas (causadas pela busca por alimentos e pela necessidade de empregos adicionais) e – um fator não menos importante – pelo rompimento da disciplina de trabalho. Desde o início de 1918, os sindicatos lutaram para combater a queda da produtividade, restaurando o "pagamento por peça", que ligava os salários à produção.

Como parte de sua avaliação mais sóbria das perspectivas revolucionárias, Lenin declarou então que a principal tarefa que se punha diante do trabalhador russo era "aprender a trabalhar". Desde a primavera de 1918, Lenin trabalhou para que um único indivíduo fosse posto no comando de cada empresa, diretriz que representou um golpe no coração da autogerência dos operários. Por todo o ano de 1919, Lenin encontrou amarga resistência daqueles que defendiam o sistema de gerência colegiada, pelo qual as empresas nacionalizadas eram comandadas por juntas formadas por um terço de trabalhadores, em conjunto com representantes de equipes técnicas, sindicatos e órgãos econômicos estatais. Mas Lenin nunca foi de desistir. Ao mesmo tempo, trabalhou para que a autoridade dos especialistas técnicos fosse restaurada e para que eles recebessem salários equivalentes ao seu conhecimento especializado, argumentando que este último era mais importante do que "empenho", "qualidades humanas" ou "santidade". Isso também foi profundamente mal recebido. Como disse um trabalhador à Nona Conferência do Partido em setembro de 1920: "Até o dia em que morrer odiarei os *spetsy* [especialistas técnicos] [...] Eles têm que ser controlados com punho de ferro, assim como faziam conosco". Ao final da guerra civil, pouco ainda restava das formas democráticas de administração industrial que foram fomentadas pelos comitês fabris em 1917, mas o governo argumentou que isso não tinha importância, visto que a indústria havia passado às mãos de um Estado proletário.

Durante a guerra civil, a autonomia dos sindicatos também foi drasticamente tolhida. Já em janeiro de 1918 o

Primeiro Congresso dos Sindicatos rejeitou as exigências mencheviques de que os sindicatos permanecessem "independentes", argumentando que em um Estado operário a principal função que lhes cabia era "organizar a produção e restaurar as debilitadas forças produtivas do país". A partir de 1919, contudo, esforços para impor uma disciplina militar aos trabalhadores geraram muitos conflitos entre os sindicatos e o governo. Isso culminou, em agosto de 1920, na substituição peremptória, ordenada por Trotski, das juntas eleitas dos sindicatos ferroviário e de transporte hidroviário por um Comitê Central dos Transportes, que combinava as funções de comissariado, órgão político e sindicato. Isso deu origem a uma feroz discussão, na qual Trotski e Bukharin exigiram a absorção completa dos sindicatos pelo Estado; M.P. Tomski, em nome dos sindicatos, defendeu certa autonomia sindical, mas concordou que a principal tarefa que lhes cabia era supervisionar a implementação da política econômica; a Oposição dos Trabalhadores defendeu que os sindicatos recebessem total responsabilidade pelo comando da economia. O Décimo Congresso do Partido, em março de 1921, criticou essa visão como uma "perversão anarcossindicalista" e deu apoio avassalador a uma resolução conciliatória proposta por Lenin, que abriu mão da ideia de "estatização" veloz dos sindicatos, insistindo que eles ainda tinham uma função residual de defesa dos interesses dos trabalhadores, além de enfatizar o papel deles como "escolas de comunismo".

Muitas das mesmas pressões que levaram à centralização do processo decisório dentro do partido também levaram à hipercentralização dos órgãos econômicos. Em resposta à escassez e à fragmentação do poder no nível local, onde muitas vezes uma pletora de sovietes, conselhos econômicos, sindicatos e comitês fabris inexperientes lutavam para tomar posse dos recursos e resolver os problemas locais, o Conselho Supremo da Economia lutou para impor uma coordenação central. Era responsável principalmente pela administração e pelo financiamento da indústria, mas também interveio na obtenção e distribuição de suprimentos e até mesmo na alocação de trabalhadores, alimentos e transportes. Não era nenhum modelo de eficiência, sendo organizado de acordo com um princípio dual. As juntas, cada uma com sua própria hierarquia vertical, comandavam cada ramo da indústria, mas competiam com uma hierarquia geograficamente organizada de conselhos econômicos nos condados e províncias. Na prática, isso significava que dúzias de hierarquias autônomas e concorrentes funcionavam com poucas, se é que com alguma, ligações com os comissariados governamentais pertinentes. Trotski descreveu como nos Urais uma província se alimentava de farinha de aveia, enquanto outra dava trigo para os cavalos comerem; contudo, nada se podia fazer sem o consentimento do comissariado de alimentos em Moscou. Em 30 de novembro de 1918, todo o sistema foi rematado por um Conselho de Defesa, imbuído de extraordinários poderes para mobilizar recursos materiais e humanos para o Exército Vermelho e para coordenar as operações de guerra externas e internas. O máximo que se pode dizer é que o sistema teve sucesso em direcionar os escassos suprimentos de materiais, combustíveis e manufaturas para o Exército Vermelho. A desvantagem é que desperdiçava recursos e era imensamente burocrático – a proporção de funcionários de colarinho branco para trabalhadores em indústrias nacionalizadas subiu de um em cada dez em 1918 para um em cada sete em 1920.

O problema mais grave que confrontava os bolcheviques nesses anos era o fornecimento de alimentos. À relutância dos camponeses em aceitar o mercado de grãos somaram-se outros problemas. Primeiramente, a fragmentação das propriedades dos senhores de terras fortaleceu a agricultura de subsistência, o que prejudicou o cultivo destinado ao comércio. Em segundo lugar, a perda da Ucrânia privou os bolcheviques de uma região que havia produzido 35% dos grãos comercializados, e a área para o plantio de grãos à disposição foi novamente diminuída quando a guerra chegou a muitas províncias do Volga e à Sibéria. Enquanto isso, o caos nas ferrovias, causado pela escassez de combustível, pela deterioração dos trilhos e das locomotivas e pela devolução do controle aos sindicatos ferroviários locais, fez com que grande parte dos alimentos obtidos desaparecesse ou apodrecesse antes de chegar aos centros de consumo. Por fim, a tentativa de regular o suprimento de grãos foi prejudicada pelo grande aumento de fraudes nos preços. O inverno de 1917-1918 foi excepcionalmente rigoroso: no início de 1918, a ração de pão em Petrogrado descia às vezes a somente 50 gramas diárias. Além dos esforços desesperados de organizações operárias para obter grãos, os pequenos comerciantes começaram a cobrar preços abusivos. Na província de Ivanovo-Voznesensk, os chamados "ensacadores" importaram cerca de 3 milhões de puds de grãos (sendo um pud equivalente a 16,5 quilogramas) entre 1º de agosto de 1917 e 1º de janeiro de 1918, 2,5 vezes a quantidade obtida pelos órgãos governamentais encarregados de obter alimentos. Comprando grãos em províncias com excesso deles por dez a doze rublos por pud, eles os vendiam por cinquenta a setenta rublos, numa época em que o preço fixado estava ainda em apenas três a quatro rublos.

11. Um mercado do interior, década de 1920.

Nos primeiros meses, o governo esperava desesperadamente que, fazendo crescer a produção de bens, tais como tecidos, sal, açúcar e querosene, seria capaz de induzir os camponeses a vender seus grãos. Mas a persistência da escassez de bens de consumo, somada à inflação galopante, tornou inútil tal política. Considera-se que na Sibéria, na primeira metade de 1918, 12 milhões de puds de grãos foram requisitados, mas 25 milhões foram usados para a fabricação de bebidas alcoólicas ilegais. Sabendo que ainda havia uma grande quantidade de grãos disponível, em 14 de maio os bolcheviques anunciaram uma "ditadura dos alimentos", pela qual todos os excedentes acima de uma norma estabelecida de consumo estariam sujeitos a confisco. Ameaçador, o decreto avisava que os "inimigos do povo" que ocultassem excedentes seriam encarcerados por nada menos do que dez anos. Teoricamente, os camponeses ainda seriam recompensados – 25% do valor das apropriações seriam ressarcidos na forma de bens, o restante em dinheiro ou créditos –, mas, de acordo com a mais generosa das estimativas, somente cerca de metade dos grãos confiscados em 1919 recebeu compensações e, em 1920, apenas perto de 20%. Alguma pista do que a política significou na prática pode ser obtida pelo fato de que, em 1918, 7.209 membros dos destacamentos de alimentos, a maioria deles trabalhadores, foram assassinados enquanto tentavam tomar posse dos excedentes.

Os bolcheviques estavam convictos de que eram os "kulaks", ou camponeses ricos, que estavam sabotando o confisco de grãos, portanto a ditadura dos alimentos foi associada a uma "guerra contra a burguesia rural". Comitês dos pobres da zona rural (kombiédi) foram criados, na esperança de que os camponeses pobres pudessem ser organizados para conferir ao regime uma base social no interior. Na verdade, havia relativamente poucos camponeses nos kombiédi, formados principalmente de membros dos destacamentos de alimentos, militares e trabalhadores ligados ao partido. Isso não surpreende, dado que eram intimamente ligados ao confisco arbitrário de grãos, multas, prisões ilegais e uso da força. Isso não equivale a dizer que não havia qualquer apoio aos kombiédi. Na província de Orel, os camponeses peticionaram:

> Enviem ajuda, mesmo que somente um pequeno destacamento do Exército Vermelho, para que não morramos de fome prematuramente [...] Iremos denunciar a vocês os gordos reis de grãos que vivem sentados sobre seus baús de tesouro.

> Estamos tendo que trabalhar em condições inacreditavelmente difíceis. Todos os camponeses escondem grãos debaixo da terra. Nosso distrito foi um dos primeiros a entregar somente porque tomamos medidas repressivas contra aqueles que escondiam os grãos: ou seja, nós prendíamos camponeses em celeiros gelados até que por fim nos levassem ao local em que os grãos estavam escondidos. Mas, por esse motivo, eles prenderam os nossos camaradas, o comandante do esquadrão e três comissários. Agora ainda estamos trabalhando, mas com menos sucesso. Em punição pela ocultação de grãos, nós confiscamos o rebanho inteiro, sem pagamento, deixando apenas uma ração de fome de doze funt [sendo funt uma medida equivalente a 409 gramas] e enviamos os que escondem grãos à prisão em Malmish, onde eles recebem apenas uma ração de um oitavo de funt de pão por dia. Os camponeses nos chamam de inimigos internos e veem os oficiais de alimentos como animais e como seus inimigos.
>
> Relatório de um funcionário de fornecimento de alimentos, Viatka, março de 1920

Porém, ainda enquanto os kombiédi se multiplicavam, no outono de 1918, a liderança do partido começava a duvidar da eficácia da medida. Em novembro, o Sexto Congresso dos Sovietes, comentando sobre os "amargos conflitos entre os kombiédi e os órgãos de poder camponeses", pediu a sua abolição.

12. Um grupo de confiscadores de alimentos, 1918.

Em janeiro de 1919, um "retorno ao campesinato médio" foi acompanhado pela instituição de uma avaliação de cotas (*raszverstka*), pela qual o comissariado de alimentos estabeleceu uma cota de grãos para cada província, com base em estimativas de "excessos". Formalmente, isso tornou os confiscos relativamente previsíveis, visto que cada condado e cada aldeia sabiam de sua cota; mas, na verdade, os destacamentos de alimentos continuaram a funcionar basicamente da mesma maneira. A quantidade confiscada aumentava regularmente, de modo que, no terceiro confisco de 1920-1921, 237 milhões de puds foram tomados na Rússia europeia, aproximadamente 23% da produção bruta. Não foi um confisco maior do que o de 1916-1917, contudo representou um imenso fardo de sofrimento para o campesinato, já que a produção havia caído quase pela metade entre os dois períodos. Em março de 1920, o presidente do comitê executivo provincial de Novgorod relatou: "A província está passando fome. Um número imenso de camponeses está se alimentando de musgo e outras porcarias". Que as medidas específicas de confisco adotadas tenham agravado a crise de alimentos é incontestável, especialmente porque os bolcheviques nada fizeram antes do fim de 1920 para tentar conter a redução da área cultivada. Uma política menos severa –

talvez incluindo algum tipo de imposto que fosse pago com mercadorias e a maior utilização da rede de cooperativas – poderia ter ajudado a evitar o desastre que se armava. Não obstante, mesmo que os bolcheviques não tivessem confiscado um único pud de grãos, os camponeses ainda assim não teriam tido qualquer incentivo para vender os excedentes. Sob o comando de Kolchak, na Sibéria, onde não havia confisco, a falta de manufaturas e a inflação fizeram com que os camponeses reduzissem suas áreas cultivadas. Portanto, é improvável que o confisco pudesse ter sido evitado. Fundamentalmente, os bolcheviques não tinham outra opção senão "tomar dos famintos para dar aos mais famintos ainda", pois os pobres nas cidades e nas províncias com déficit de grãos simplesmente não tinham dinheiro para se alimentar tendo que pagar os preços do livre mercado.

Ainda assim, pelo menos metade das necessidades da população urbana foi atendida por meio do mercado ilegal e semilegal. Centenas de milhares de "ensacadores" vasculhavam o interior em busca de alimentos. A lei prescrevia punições draconianas para a "especulação", e os "ensacadores" corriam o risco de ser presos pela Cheka ou pelos destacamentos que bloqueavam as estradas. O comportamento destes últimos foi descrito pelo CEC Soviético como "uma desgraça apavorante". Contudo, a batalha contra o comércio privado jamais foi consistente, visto que o governo sabia que, sem esse comércio, a população urbana morreria de fome. Assim, na mesma época em que a nacionalização do comércio estava sendo proclamada, as autoridades, nas duas capitais, permitiam que os camponeses vendessem um e meio pud de alimentos por membro da família no mercado aberto. Ao mesmo tempo, o racionamento foi estendido, em conformidade com a aspiração de longo prazo dos bolcheviques de substituir a anarquia do mercado pela distribuição planejada de bens. Em julho de 1918, a chamada ração de classe foi introduzida em Petrogrado e, logo depois, em outras cidades, dividindo a população em quatro categorias. Foi concebida para produzir uma discriminação favorável aos trabalhadores e dar aos *burzhui*, nas palavras de Zinoviev, uma quantidade de pão que bastasse apenas para que não esquecessem o cheiro do pão. Contudo, os desabastecimentos significavam que era frequentemente impossível completar as rações até mesmo dos que estavam na categoria um. Uma piada passava de boca em boca:

> Um professor de religião perguntou aos seus alunos do segundo grau: "Nosso Senhor alimentou 5 mil pessoas com cinco pães e dois peixes. Que nome damos a isso?". Ao que um gaiato respondeu: "O sistema de rações".

A incapacidade de cumprir as rações estabelecidas fez aumentar as pressões sobre os grupos para que subissem a uma categoria mais alta. Em abril de 1920, em Petrogrado,

13. **Charge feita por uma criança. Os dizeres são: "Um bolchevique é uma pessoa que não quer que existam mais os *burzhui*".**

63% da população estava na categoria um, e somente 0,1%, na categoria mais baixa. O racionamento também alimentava a corrupção: em 1920, o número de cartões de ração em circulação superava em 10 milhões o número de habitantes das cidades.

Uma crise aterrorizante se anunciava, mas o sabor da vitória fez com que os bolcheviques acreditassem, em 1920, que os métodos draconianos utilizados para vencer a guerra civil poderiam voltar para a construção do socialismo. Trotski era o defensor mais entusiasmado da ideia de que "obrigação e coerção" poderiam "reconstruir a vida econômica com base em um plano único". Nem todos os bolcheviques simpatizavam com a ideia do exército de trabalhadores como um microcosmo da sociedade socialista, mas pela maior parte de um ano os líderes se ativeram a uma visão de exército e economia fundidos em um único e universal corpo econômico-militar. Durante a primeira metade de 1920, até 6 milhões de pessoas foram convocadas para trabalhar no corte de madeira e de turfa. Em março – com o índice de faltas ao serviço nas ferrovias variando entre 20% e 40% – Trotski assumiu a liderança do Comissariado de Transporte e começou a impor a militarização da força de trabalho. Era, contudo, um castelo construído sobre areia movediça, já que em alguns setores a "deserção do trabalho" chegava a até 90%. De modo semelhante, alguns comemoravam o fato de que os preços do mercado negro estavam agora milhares de vezes maiores do que os de 1917, vendo isso como sinal de que o dinheiro estava prestes a desaparecer, um sinal da chegada do comunismo. Lenin advertiu que "é impossível abolir a moeda imediatamente", mas os esforços para estabilizar a moeda e manter os impostos monetários agora davam lugar a um plano para substituí-la por "unidades de trabalho" e "unidades de energia". Na primeira metade de 1920, 11 milhões de pessoas, incluindo 7,6 milhões de crianças, se alimentaram de graça em cantinas públicas, onde a comida era escassa e mal preparada, e as condições de higiene muitas vezes péssimas. Mais tarde nesse mesmo ano, pagamentos por habitações, aquecimento, luz, transporte público, correios, assistência médica, teatro e cinema foram abolidos, embora isso tenha sido motivado tanto por uma questão prática relacionada ao custo relativo de cobrar por esses serviços quanto por um desejo de abolir o dinheiro *per se*. Na verdade, o processo de "naturalização" da economia aconteceu de maneira quase que totalmente independente da vontade dos bolcheviques; o que tornou peculiar tal situação foi que os bolcheviques passaram a usá-la como evidência de que a transição para o socialismo acontecia a olhos vistos.

No decorrer do inverno de 1920-1921, tal euforia foi rapidamente dissipada. A região do Volga, que em 1919-1920 suprira quase 60% dos grãos confiscados, foi atingida pela seca no verão de 1920. A seca se agravou em 1921 e, no verão, estimava-se que 35 milhões de pessoas em uma área cujo centro era o Volga e que incluía partes do sul da Ucrânia, do Cazaquistão e da Sibéria ocidental sofriam o flagelo da fome. A situação foi ainda agravada pela redução da produção agrícola, por perdas de gado e de equipamentos causadas pela guerra, pelo colapso do sistema de transportes e, é claro, pelos confiscos. Até 6 milhões de pessoas podem ter morrido não só de fome, como também de escorbuto, disenteria e tifo. O Comissariado da Instrução recebeu relatos grotescos: mães amarravam os filhos em diferentes cantos de suas choupanas por medo de que devorassem uns aos outros.

Em outubro de 1921, Lenin finalmente reconheceu que o Comunismo de Guerra fora um erro, alegando que fora ditado pela "necessidade desesperada". Ele afirmava também, de maneira bastante confusa, que fora "uma tentativa de introduzir os princípios socialistas de produção e distribuição por meio de um 'ataque direto'". Não há muitas dúvidas de que o colapso da indústria, o caos no sistema de transportes e a destruição trazida pela guerra tenham imposto severas restrições à liberdade de ação dos bolcheviques. Ademais, a guerra determinou que o confisco de grãos e a produção industrial se concentrassem nas necessidades do Exército Vermelho, e não nas dos consumidores. Que as circunstâncias da guerra tenham contribuído em muito para determinar as políticas pode ser visto no fato de que até mesmo os governos Brancos, defensores do livre mercado, recorreram a medidas de coerção econômica em nome de "interesses do Estado". Ademais, as políticas, formuladas com cuidado ou esboçadas às pressas, geraram consequências inteiramente acidentais que estabeleceram parâmetros para ações futuras. A imposição de preços fixos aos produtos agrícolas, por exemplo, uma política introduzida pelo regime czarista, contribuiu muito para alimentar a hiperinflação, que, por sua vez, causou o enfraquecimento do rublo. Não obstante, se os limites estruturais e as contingências cumpriram um importante papel na formação das políticas que constituíram o Comunismo de Guerra, não se pode concluir disso que tais políticas fossem simplesmente resultado da "necessidade desesperada". As escolhas políticas não eram "impostas" unilateralmente pelas circunstâncias objetivas: eram definidas pelos conceitos dominantes e propensões inerentes do Partido Bolchevique, às vezes como questões de escolha explícita, outras como reflexos inconscientes. A antipatia em relação ao mercado e a equação da propriedade estatal e da regulação estatal com o comunismo contribuíram para determinar as escolhas políticas. Lenin pode ter concluído que o Comunismo de Guerra fora um erro, mas o sistema de comando administrativo e a ideologia militarizada que tal sistema gerou mostraram-se elementos duradouros do sistema soviético.

Saqueando os saqueadores

O colapso da indústria e a grave escassez de comida levaram ao colapso da vida urbana. Entre 1917 e 1920, a população urbana recuou de 18% para 15% do total. A população de Petrogrado diminuiu quase 70%, e a de Moscou, 50%. A busca desesperada por comida obrigou as pessoas à prática do escambo e à pilhagem de móveis, cercas de

14. Fome de 1921-1922.

madeira e qualquer árvore disponível para se aquecerem. O crítico literário V. Shklovski escreveu: "As pessoas que viviam em casas com aquecimento central morriam às pencas. Elas morriam congeladas – apartamentos e mais apartamentos cheios delas". Era nesse pano de fundo de crise extraordinária que a divisão de séculos entre a Rússia dos proprietários e a das massas trabalhadoras foi varrida em questão de meses. Poucas vezes se viu na história uma destruição tão completa e abrupta de uma classe dominante. Em seu editorial do ano-novo de 1919, o *Pravda* proclamou:

> Onde estão os ricos, as damas elegantes, os restaurantes caros e as mansões particulares, os belos portais, os jornais mentirosos, toda aquela 'vida dourada' corrompida? Foi tudo varrido para longe.

A nacionalização da indústria e dos bancos constituiu o principal mecanismo de expropriação dos bens dos capitalistas. No interior, é claro, os camponeses expulsaram os donos de terra de suas propriedades, embora não raro os deixassem continuar em suas casas ancestrais. Além disso, os sovietes e as Chekas, necessitados de dinheiro e obcecados com colocar "todo o poder nas mãos das localidades", cobravam "contribuições" e "confiscos" daqueles que consideravam *burzhui*. Em Tver', o soviete exigia somas que variavam entre 20 mil e 100 mil rublos dos comerciantes e industrialistas locais, ameaçando mandá-los ao Kronstadt caso não pagassem. Dada a fraqueza das autoridades locais, tais expropriações eram muitas vezes praticamente indistinguíveis do roubo, como admitiu um dos líderes da Cheka, M.I. Latsis:

> Nosso russo pensa: "Eu realmente mereço aquelas calças e botas que a burguesia costumava usar até outro dia, não mereço? É uma recompensa pelo meu trabalho, certo? Então eu vou tomar o que é meu".

Atingidos pelos confiscos, forçados a dividir seus apartamentos com famílias pobres e a realizar tarefas humilhantes, os donos de terras, capitalistas e oficiais czaristas venderam tudo que podiam, fizeram as malas e foram em direção aos locais comandados pelos Brancos ou para o exterior. Entre 1917 e 1921, 1,8 a 2 milhões de pessoas emigraram, em sua esmagadora maioria membros das classes instruídas e de posses. Um número surpreendente, porém, preferiu permanecer: A.A. Golovin, descendente de uma família antiga, trabalhou na garagem do teatro Malyi em 1921 e seu filho ficou famoso por suas representações cinematográficas de Stalin. Essas "ex-pessoas" – um termo outrora aplicado aos criminosos – lutavam para ocultar suas origens e manter distância da política. Contudo, apesar do imenso empobrecimento de suas condições de vida, elas continuaram a ser vistas com desconfiança pelo governo, encaradas como possível quinta coluna para uma restauração liderada pelos Brancos.

Para as diversificadas classes médias, as oportunidades de adaptação à nova ordem eram mais generosas, embora a revolução também tivesse reduzido acentuadamente seus privilégios. Ainda que Lenin desprezasse a intelligentsia, ele não demorou a compreender que a revolução não poderia sobreviver sem "pessoas instruídas, experientes, aptas para os negócios". Além de engenheiros, que recebiam salários relativamente altos, médicos, dentistas, arquitetos e outros profissionais eram autorizados a exercer suas profissões privadamente. Tampouco era incomum que ex-donos de fábricas participassem das juntas do ramo industrial no Conselho Supremo da Economia, ou que ex-mercadores trabalhassem para os órgãos de abastecimento. Os que tinham alguma instrução encontravam emprego nos órgãos dos sovietes e do partido – como escriturários, secretários e outros postos de pouco relevo –, que lhes davam direito à ração de alimentos de segundo grau (os oficiais soviéticos "responsáveis" tinham direito à de primeiro). Para os de classe média baixa, muito mais numerosos e que não tinham habilidades que pudessem vender, os principais meios de sobrevivência eram o pequeno comércio e a produção artesanal.

A intelligentsia foi o único grupo de elite que sobreviveu intacto à revolução, embora sua autoimagem tenha sofrido duros golpes. A maioria era de inclinação socialista moderada, mas a guerra e a revolução haviam destruído qualquer crença ingênua na bondade inata do povo. A imagem que tinham de si mesmos como a consciência da sociedade, destinados ao papel de inimigos da tirania, fez com que muitos se opusessem à tomada do poder pelos bolcheviques. Eles deploravam a estridente demagogia dos novos governantes, a violência, o fechamento da imprensa, a desordem nas ruas. A maioria estava farta de política e preferiu assumir uma posição neutra na guerra civil. A maior parte deles não era bem paga, e poucos tinham economias com que contar. O compositor A.T. Grechaninov relembrou: "Minha saúde se debilitou a tal ponto que eu mal conseguia arrastar os pés. Minhas mãos foram queimadas pelo frio e eu não tinha como tocar piano". O moral, contudo, não estava necessariamente tão baixo quanto seria de imaginar. N. Berdiaev, eleito para uma cátedra de filosofia na Universidade de Moscou em 1920 – onde "dei aulas nas quais critiquei, aberta e livremente, o marxismo" –, não se importava com a obrigatoriedade do trabalho:

> Eu não me sentia de modo algum infeliz e deprimido, apesar da tensão, à qual não estava acostumado, que a picareta e a pá impunham aos meus músculos sedentários [...] Eu não tinha como não reconhecer a justiça da minha situação difícil.

Os bolcheviques chegaram ao poder determinados a abolir e desapropriar a Igreja Ortodoxa, que fora um pilar central da velha ordem. Igreja e Estado foram separados, as terras da igreja foram nacionalizadas, os subsídios estatais foram cancelados, a educação religiosa foi proibida nas escolas e a religião virou uma "questão privada". A reação do novo patriarca da Igreja, Tikhon, foi esmagadora: em janeiro de 1918, pronunciou um anátema sobre os bolcheviques, advertindo que eles "queimariam no inferno após a morte e seriam amaldiçoados por gerações". O fim das subvenções financeiras atingiu com força as administrações central e diocesanas, mas fez pouca diferença para os clérigos das paróquias, que geralmente recebiam um lote de terra e algum apoio financeiro dos paroquianos. Ao final de 1920, 673 mosteiros – "poderosos parafusos da máquina de exploração das velhas classes dominantes" – haviam sido liquidados, e suas terras, confiscadas. Violentos conflitos entre defensores da Igreja e partidários do poder soviético eram uma constante na guerra civil. A propaganda bolchevique retratava os padres como bêbados e glutões, e os monges e freiras como sinistros "corvos negros". Por sua vez, a maior parte da hierarquia eclesiástica retratava os bolcheviques como odiadores de Cristo, mercenários a soldo dos alemães, "escravocratas maçônico-semitas". Tikhon conclamou os fiéis a resistirem aos bolcheviques somente através de meios espirituais, mas muitos padres tomaram abertamente o lado dos Brancos. Os defensores dos bolcheviques, especialmente os marinheiros e soldados, impuseram uma repressão terrível: em 1918-1919, 28 bispos e várias centenas de padres foram assassinados.

A estrutura de classes da Rússia czarista cedeu sob os golpes da guerra, do colapso econômico e do ataque revolucionário. Contudo, como derrubaram a estrutura de classes um tanto frágil da Rússia, os bolcheviques optaram por usar o discurso de classe para definir e organizar o novo mundo social, apoiando-o ao arsenal de recursos materiais e simbólicos à disposição do Estado. Eles representaram a guerra civil como uma batalha de vida ou morte entre o capital internacional e os trabalhadores do mundo, no campo e na indústria. Os discursos dos ativistas eram salpicados de imagens de conflagrações revolucionárias, de hidras contrarrevolucionárias e chacais capitalistas. Embora grande parte da propaganda fosse formulada numa linguagem que a população comum mal era capaz de entender, o discurso explorava noções vulgares de classe que haviam sido tão proeminentes em 1917, mobilizando uma animosidade arraigada entre "nós" e "eles".

Rebelião popular

A agitação do campesinato foi um espinho persistente na carne do regime. A maioria dos levantes era de pequena escala, provocados pelo confisco de alimentos, pelo alistamento obrigatório, pelos abusos das autoridades soviéticas ou dos kombiédi ou pelas obrigações de trabalho. Em 1919, a maioria das centenas de insurreições foi espontânea, uniu camponeses de todos os estratos e majoritariamente era desprovida de objetivos políticos. A maior, de longe, foi a rebelião "kaftan" (*chapanny*), que cresceu em Samara e Simbirsk após a criação de um imposto revolucionário emergencial em março. Em seu ponto máximo, abrangeu mais de 100 mil pessoas, algumas das quais criaram laços com Kolchak. A maior insurreição de 1920, o levante "do forcado" (*vilochnoe*), teve como centro os tártaros de Ufa, mas espalhou-se para a região do Volga, onde os confiscos se concentravam. Em Samara, a "insurreição da águia negra", que formou parte do levante "do forcado", revelou algum grau de politização: "Nós somos a multidão de camponeses. Nossos inimigos são os comunistas. Eles bebem nosso sangue e nos oprimem como se fôssemos escravos". Os insurgentes camponeses frequentemente se comportavam de maneira bestial. Em Penza, em março de 1920, o nariz do comissário local foi cortado, e então as orelhas, depois a cabeça. Um relatório conclui: "Agora tudo está tranquilo e em paz. Os camponeses foram acalmados com a ajuda da chibata". Como isso indica, os bolcheviques retaliaram impiedosamente o que interpretaram como obra de "kulaks", "contrarrevolucionários" e "Centenas Negras". Os rebeldes kaftan assassinaram cerca de duzentas autoridades, mas os destacamentos punitivos enviados para a contenção mataram mil rebeldes em combate e executaram outros seiscentos. Alguns historiadores agrupam todas as formas de resistência camponesa em um único "Movimento Verde"; isso acaba por borrar distinções importantes. Quando as autoridades soviéticas falavam dos "Verdes", estavam se referindo aos grupos errantes de desertores que viviam nos campos e florestas, sobrevivendo do que conseguiam por meio de roubos e ataques aos esquadrões de confisco. Esses grupos eram mais estruturados e politizados do que a maior parte dos rebeldes camponeses. Em geral, podiam contar com a simpatia dos habitantes dos vilarejos, mas sempre que tentavam organizar estes em formações de caráter mais permanente, ou envolvê-los em deveres compulsórios de trabalho, arriscavam criar inimizades.

Com a eliminação da ameaça Branca, os protestos camponeses atingiram níveis drásticos e sem precedentes. Em 1921, houve mais de cinquenta insurreições camponesas de grande escala em regiões tão remotas quanto a Ucrânia e a Bielorrússia, o norte do Cáucaso e Karelia. Em Tambov, A.S. Antonov, um ex-membro dos SRs de esquerda que servira à causa soviética com distinção até o verão de 1918, organizou um exército de 40 mil guerrilheiros, que, em fevereiro de 1921, controlava praticamente todo o território do Volga. O exército tinha divisões territoriais e hierarquias de comando, linhas de suprimento baseadas nos vilarejos, e "uniões de camponeses trabalhadores" eram sua base política. Estas últimas exigiam a derrubada do "poder comunista-bolchevique, que levou o país à pobreza, à destruição e à degradação"; igualdade política para todos os cidadãos; a convocação de uma Assembleia Constituinte; a socialização da terra; e a desnacionalização parcial das fábricas sob o controle dos operários. Na Sibéria ocidental, guerrilheiros derrubaram o poder bolchevique ao longo de uma área de 1 milhão de quilômetros quadrados e romperam o contato ferroviário com a Rússia europeia. Em 21 de fevereiro de 1921, tomaram a cidade de Tobolsk e formaram um soviete que proclamou liberdades civis, livre comércio, rações iguais, desnacionalização da indústria e restauração das antigas cortes de justiça. O número de guerrilheiros chegou a pelo menos cem mil, mas as diferentes divisões jamais foram submetidas a um comando unificado. Somente no outono o Exército Vermelho conseguiu retomar o controle. De uma maneira pouco coesa, os diferentes movimentos camponeses se viam unidos em torno de uma causa comum. Os guerrilheiros de Antonov, por exemplo, lutaram na esperança de que os asseclas de Makhno viessem da Ucrânia em seu socorro, mesmo que nesse estágio Makhno já houvesse fugido para a Romênia. A influência política dos SRs era evidente em todos os cantos;

mas, embora houvesse um bom número de exigências pelo retorno da Assembleia Constituinte, o slogan mais difundido pedia "sovietes sem comunistas". Convencidos de que o "governo de camponeses e trabalhadores há muito deixou de existir", os rebeldes queriam ver o regime comunista deposto; contudo, continuavam fortemente atraídos pela ideia dos sovietes, que associavam à derrubada dos senhores de terra e a um governo de trabalhadores.

> Nas províncias constituídas somente de camponeses e semiproletários, o poder soviético em geral e o Partido Comunista em particular não contam com uma base social. Não serão encontradas nelas camadas amplas da população que nos sejam fiéis, que compartilhem do nosso programa e estejam prontas a agir em nosso nome. Não estou falando de kulaks ou dos remanescentes da burguesia, da qual não resta praticamente ninguém. Eu me refiro à ampla massa de trabalhadores, artesãos e, especialmente, camponeses. Nós conseguimos amedrontar e afastar a massa dos camponeses pobres e médios. A mobilização voluntária fracassou. Nos deparamos com a recusa de sindicatos inteiros a ceder um homem que fosse. E as relações com o campesinato foram inteiramente marcadas pela hostilidade. Não digo que estas sejam forças conscientemente contrarrevolucionárias, pois não são. Mas a massa da população é indiferente ou hostil ao nosso partido. Em muitos distritos, eles estão à espera de Kolchak. É verdade que quando ele chegar o clima mudará a nosso favor, mas não por muito tempo. As razões disso são muitas. Mas o fato central – e isso se aplica ao âmbito nacional – é que, na verdade, não demos nada para os camponeses, exceto sofrimentos. O terror reina. Só o que nos sustenta é o terror.
>
> Relatório de Iu.M. Steklov, editor do *Pravda*,
> para o Comitê Central, junho de 1919

Entre 1917 e 1920, o número de operários nas fábricas e minas caiu de 3,6 milhões para 1,5 milhão. Mais de 1 milhão de trabalhadores retornaram a seus vilarejos, várias centenas de milhares se juntaram ao Exército Vermelho e dezenas de milhares saíram para assumir cargos administrativos e diretivos nos órgãos soviéticos, sindicais e do partido. Os trabalhadores sofreram uma imensa queda no padrão de vida. Em 1920, o valor real do "salário" médio foi estimado em 38% do nível de 1913, embora sua composição fosse majoritariamente de rações, moradia, transporte, roupas e outros bens distribuídos gratuitamente. Ao mesmo tempo, elementos de coerção e hierarquia estavam sendo reintroduzidos no local de trabalho. Não surpreende, portanto, que o descontentamento reinasse entre os trabalhadores. Os bolcheviques explicaram isso como o resultado da "desclassificação", isto é, o fortalecimento de "elementos pequeno-burgueses" na classe trabalhadora. É verdade que muitos de seus partidários mais ardorosos abandonaram as fábricas; mas, dentro de uma força de trabalho extremamente depauperada, a proporção entre o núcleo de trabalhadores experientes e instruídos e o grupo maior de mulheres e novos trabalhadores menos instruídos e experientes provavelmente continuou mais ou menos a mesma de 1917.

Já na primavera de 1918, o apoio dos trabalhadores ao governo começara a refluir rapidamente, na medida em que o desemprego, a escassez de alimentos e os salários em queda se fizeram sentir. O ódio crescente se manifestava no renascimento do apoio aos mencheviques e SRs. Desde o início de março, em Tula, Petrogrado e em outros lugares, os mencheviques formaram congregações de delegados fabris que lutariam por direitos civis, sindicatos independentes e eleições livres para os sovietes, com o objetivo último de reunir novamente a Assembleia Constituinte. Em Petrogrado, onde o movimento era mais forte, a Assembleia tinha duzentos delegados, que alegavam representar dois terços da força de trabalho da cidade. A Cheka frustrou um plano "desse grupo de impostores e contrarrevolucionários" de convocação de uma greve geral em 2 de julho; ficou claro que o apoio que tinham não era de modo algum sólido. Como os delegados admitiram, as questões que incomodavam os trabalhadores eram predominantemente o desemprego, as rações de pão e a liberdade de sair da cidade para buscar alimentos: "As massas ainda não deram as costas aos bolcheviques, não se desiludiram por completo".

A "contrarrevolução democrática" recebeu o apoio de muitos trabalhadores. N.I. Podvoiski, líder do Inspetorado Militar Supremo, relatou, das províncias do Volga:

> Com raras exceções, os trabalhadores são hostis ao poder soviético. Desempregados das fábricas desativadas são os mais hostis contra nós, e certo número de trabalhadores das fábricas Pipe e Cartridge em Samara passaram para o lado dos cossacos.

Em Izhevsk, na província de Viatka, os SRs maximalistas na Guarda Vermelha de tal modo alienaram a população local com seus confiscos, buscas e prisões que os mencheviques e SRs triunfaram nas eleições para o soviete em maio de 1918, induzindo os bolcheviques a fechar o soviete. Quando a Legião Tcheca se aproximou em 5 de agosto, a associação dos veteranos, dominada pelos SRs, com o apoio dos trabalhadores da gigantesca fábrica de armamentos, tomou o controle da cidade. Milhares de trabalhadores, incluindo aqueles das fábricas vizinhas de Votkinsk, juntaram-se ao Exército do Povo, que foi derrotado pelos Vermelhos em meados de novembro, com alguns posteriormente se juntando a Kolchak. O confronto mais violento entre bolcheviques e trabalhadores, contudo, ocorreu em Astrakhan, uma cidade pesqueira no baixo Volga, em uma área estrategicamente muito sensível. Em 10 de março de 1919, operários metalúrgicos em greve, exigindo comércio livre e um aumento da ração de alimentos, entraram em conflito com marinheiros. Uma multidão, na qual havia desertores do 45º regimento, atacou então os quartéis-generais comunistas, matando várias autoridades. S. Kirov, líder do comitê militar revolucionário, ordenou "o extermínio impiedoso dos porcos da Guarda Branca", e numa batalha que durou muitos dias alguns milhares de insurgentes foram massacrados. Contudo, em geral, os trabalhadores execravam os Brancos, que, nas regiões que controlavam, foram agressivos na supressão dos sindicatos e na devolução das fábricas aos seus antigos donos. Após o golpe de Kolchak, em novembro de 1918, houve uma sucessão de greves e agitações políticas nas cidades e regiões de mineração da Sibéria. A greve de mineiros em Cheremkhovo, em dezembro de 1919, marcou um ponto de virada na sorte dos Vermelhos. Nas Donbas, também, onde o general S.V. Denisov ordenara o enforcamento de centenas de mineiros em Iuzivka, os Brancos eram igualmente detestados.

A cristalização da guerra civil na forma de uma batalha entre Vermelhos e Brancos teve o efeito de consolidar o apoio dos trabalhadores à causa Vermelha, mas isso não equivale a dizer que tal apoio tenha sido firme alguma vez. Ao longo de toda a guerra civil, tal apoio sofreu interrupções regulares, na maior parte, de duração e alcance limitados. Em 1920, em dezoito províncias sob controle dos Vermelhos houve 146 greves, envolvendo 135 mil trabalhadores, a maioria provocada por problemas no fornecimento de comida. Na primavera de 1920, mais de 1 milhão de pessoas consumiam rações especiais; contudo, em média, somente a quarta ou quinta parte delas era fornecida. Tais interrupções não podem ser desprezadas simplesmente como "econômicas", já que os trabalhadores agora dependiam do Estado para a satisfação das necessidades básicas. As greves, portanto, inevitavelmente possuíam implicações políticas, que frequentemente tomavam a forma de ataques aos privilégios dos dirigentes: "Os comunistas recebem ótimos salários e rações, comem três refeições por dia em suas cantinas, ao passo que nós recebemos lavagem, como se fôssemos porcos". Ademais, a reação extremada do regime às greves contribuiu para politizá-las ainda mais. Em 1920, depois do fim da guerra civil, o líder do comitê provincial do partido em Ekaterinoslav relatou:

Em setembro, os trabalhadores daqui se mobilizaram contra o envio de destacamentos de comida para o interior. Decidimos aplicar uma política férrea. Nós fechamos a área dos bondes, demitimos todos os trabalhadores e funcionários e enviamos alguns deles para o campo de concentração; aqueles na idade apropriada foram enviados ao front, outros foram entregues à Cheka.

Esta pode ter sido uma reação extremada, mas o confisco dos tíquetes de ração dos grevistas, a mobilização das forças armadas e as demissões em massa seguidas por recontratações seletivas eram armas corriqueiras no arsenal dos bolcheviques.

Os bolcheviques viam o dedo da oposição por trás de toda e qualquer ocorrência de agitação entre os trabalhadores, e a reação era invariavelmente prender trabalhadores conhecidos por serem SRs ou mencheviques. Embora seja duvidoso que estes últimos estivessem em posição de instigar protestos dos trabalhadores, eles eram capazes de exercer influência política. Em 10 de março de 1919, trabalhadores de Putilov, furiosos com a falta de pão, aprovaram uma resolução dos SRs de esquerda por 10 mil votos contra 22, denunciando com veemência a "subjugação servil dos trabalhadores às fábricas" e exigindo a destruição da "comissariocracia". Contudo, o apoio à oposição era, essencialmente, mais uma expressão de raiva e frustração do que de lealdade a princípios políticos. As atitudes eram voláteis, e os mesmos trabalhadores podiam reagir de diferentes maneiras em diferentes ocasiões. Enquanto a guerra civil continuou, é razoável afirmar que, apesar do profundo descontentamento, os trabalhadores não mostraram nenhuma vontade de pôr em risco as operações do Exército Vermelho. Assim, quando Iudenich, o general Branco, ameaçou Petrogrado no outono de 1920, muitos trabalharam 16 horas por dia para derrotá-lo. Ademais, se um mero punhado de oposicionistas bastava para dar forma política ao descontentamento econômico, muitas vezes bastava que o partido enviasse agitadores e quantidades maiores de suprimentos para desbaratar o apoio à oposição. No início de 1920, o líder menchevique L. Martov admitiu:

> Se condenávamos o bolchevismo, éramos aplaudidos; assim que dávamos o passo seguinte de afirmar que um novo regime era necessário para que a luta contra Denikin tivesse sucesso, nosso público esfriava ou tornava-se até hostil.

Certamente, uma minoria acreditava que o regime havia traído a revolução por completo; mas as atitudes da maioria eram mais contraditórias. Muitos ideais da revolução calaram fundo na população: os trabalhadores manifestavam uma feroz animosidade contra os *burzhui*, uma forte crença na igualdade, ódio aos privilégios – e o ódio não diminuía quando eram os comunistas que desfrutavam dos privilégios – e um apoio amplo ao ideal soviético. Quando julgados por esses ideais, os bolcheviques eram considerados imperfeitos; contudo, a maioria dos trabalhadores não estava convencida de que a oposição representava uma alternativa confiável.

Os marinheiros e soldados de Kronstadt, uma ilha no golfo da Finlândia, a cerca de trinta quilômetros de Petrogrado, arriscaram suas vidas pelos ideais de 1917. Em 1º de março de 1921, 16 mil deles aprovaram uma resolução que exigia o término do Comunismo de Guerra, a devolução do poder aos sovietes escolhidos por eleições livres e também a liberdade de expressão, de imprensa e de associação. Não havia uma exigência expressa pela derrubada do poder soviético, mesmo que alguns rebeldes tenham realmente defendido esse objetivo depois que o movimento foi cercado pelos bolcheviques. Talvez 12 mil de 18 mil militares, junto com 8 ou 9 mil civis adultos do sexo masculino, de uma população total de 30 mil civis, tenham se juntado aos rebeldes. A reação dos bolcheviques foi vigorosa. Em 7 de março, as operações militares para subjugar a rebelião tiveram início, mas a eficiente liderança dos militares profissionais da ilha fez com que os Vermelhos fossem repelidos, sofrendo grandes baixas. Somente no dia 17 de março um grupo de 45 mil soldados Vermelhos teve condições de realizar um ataque;

no dia seguinte, a ilha estava nas mãos dos bolcheviques. Visto que setecentos soldados soviéticos haviam sido mortos e 2.500 feridos, a retaliação contra os rebeldes foi violenta. No verão de 1921, 2.103 prisioneiros haviam sido sentenciados à morte – embora somente algumas centenas das sentenças de morte tenham sido cumpridas – e 6.459 condenados à prisão. Os bolcheviques retrataram a rebelião como uma "conspiração da Guarda Branca". Certamente, os agentes Brancos buscaram tirar proveito da rebelião; o sonho dos rebeldes de conseguir autonomia local e o horror que nutriam pelos privilégios eram anátema para os Brancos. Além disso, os rebeldes negaram um pedido de Chernov, o líder dos SRs, de visitar a ilha. Os bolcheviques provavelmente estavam corretos em pensar que, se os rebeldes tivessem vencido, isso teria levado ou à desintegração do Estado ou ao retorno dos Brancos ao poder. A verdadeira escolha ainda era entre duas ditaduras: dos Vermelhos ou dos Brancos. Ainda assim, os bolcheviques poderiam ter lidado com os rebeldes de maneira menos sanguinária. Não estava claro que o objetivo deles fosse o confronto armado. Havia chances razoáveis de conciliação, já que os bolcheviques poderiam ter oferecido o fim do Comunismo de Guerra como moeda de troca. Contudo, os bolcheviques não estavam dispostos a tolerar conciliação alguma. Curiosamente, tal intransigência parece ter sido motivada menos por excesso de confiança, mesmo o levante tendo sido mal preparado e realizado num momento desvantajoso, do que por excesso de insegurança. Sabendo como eram profundamente odiados, os bolcheviques pressentiram que qualquer demonstração de fraqueza encorajaria rebeliões em outros lugares. Ao reprimir os marinheiros de Kronstadt, deram adeus aos ideais mais queridos – e utópicos – de 1917. Dali em diante, não se ouviria falar mais de poder aos sovietes, de autogerenciamento dos trabalhadores ou de um exército democrático: a natureza da revolução se alterara de uma vez por todas.

As ramificações políticas da guerra civil contrariaram todas as expectativas dos bolcheviques. Em outubro de

1917, quando o trabalhador A.V. Shotman ousou duvidar que "mesmo um cozinheiro ou governanta" poderiam administrar o Estado, como Lenin havia afirmado em *Estado e Revolução*, Lenin vociferou: "Besteira! Qualquer trabalhador será capaz de comandar qualquer ministério em uma questão de dias". Contudo, em 1920, um Lenin exasperado proclamava: "Será que qualquer trabalhador realmente sabe como governar o Estado? Os que têm senso prático sabem que isso é um conto de fadas". À medida que os bolcheviques passavam de partido revolucionário a partido de governo, a perspectiva que tinham da realidade mudava. Já em agosto de 1918, em um pedido deliberado aos que estivessem dispostos a apoiar qualquer governo contanto que este pudesse garantir que não seriam baleados ou roubados nas ruas, Bukharin escreveu um artigo no *Pravda* intitulado "Ordem" (*Poriadok*). Em 1921, os bolcheviques haviam construído um Estado rudimentar, mas que era a antítese do Estado comunal com que Lenin sonhara. Em 1920, as características básicas do sistema comunista já estavam em vigor: governo de um único partido, centralização extrema do poder, intolerância às dissidências, cerceio de organizações independentes e prontidão para o uso da força para realizar tarefas políticas e econômicas. A eficiência do Estado nessa época não deve ser exagerada. Na prática, era um conjunto instável de estruturas partidárias e estatais que competiam entre si, permeado pela arbitrariedade, pela ineficiência e pelo personalismo, que dependia, para seu funcionamento, não só de decretos categóricos advindos do centro, mas também de chefes poderosos com suas camarilhas no nível local. Não obstante, contra todas as chances, uma vanguarda revolucionária, separada de sua base de massas, havia erigido um Estado, usando o aparelho do partido, o exército, coerção e propaganda.

Os historiadores debatem até que ponto a formação do partido-Estado foi consequência da ideologia bolchevique e até que ponto foi consequência das pressões da guerra civil. Alguns argumentam que as sementes da tirania bolchevique encontravam-se na noção marxista da ditadura do proletariado; outros, na noção leninista do partido de vanguarda, com sua implicação de que o partido sabia o que era melhor para a classe trabalhadora. Tais preceitos fundamentais certamente cumpriram um papel no surgimento de um partido--Estado autoritário. Contudo, a guerra civil levou tanto ao abandono de certos princípios quanto à consolidação de outros. A visão descentralizada do socialismo associada com 1917 – democracia soviética, autogerenciamento dos trabalhadores – foi deixada para trás de uma vez por todas. Estado, partido e exército – não os sovietes ou comitês fabris – passaram então a ser vistos como os pilares da revolução. Que a ideologia tenha evoluído dessa maneira indica que ela não era a única, ou sequer a principal, força motriz por trás da criação da ditadura do partido. Se as sementes da ditadura se encontravam na ideologia, elas somente passaram a dar frutos diante das impiedosas exigências impostas sobre o partido e o Estado pela guerra civil e pelo colapso econômico.

A cultura do partido foi profundamente transformada pela guerra civil. A atmosfera de violência e destruição generalizadas e a perpétua hostilidade popular acentuaram reflexos autoritários e brutais. O etos bolchevique sempre fora de impiedade, autoritarismo e "ódio de classes", mas no contexto da guerra civil tais qualidades se metamorfosearam em crueldade, fanatismo e intolerância absoluta com aqueles que pensavam diferente. A invasão de poderes estrangeiros, a incapacidade de espalhar a revolução pela Europa criaram uma mentalidade de cerco, de uma Rússia como fortaleza armada, além de gerarem uma obsessão por inimigos: "O inimigo está sempre nos vigiando e pronto para tirar proveito a qualquer instante de qualquer gafe, erro ou hesitação nossos". A vitória dos bolcheviques na guerra – embora a um custo muito árduo – fortaleceu as ilusões de infalibilidade. Foram tais atitudes que cada vez mais passaram a definir o partido. A mudança cultural, embora não uma expressão direta da ideologia, foi facilmente justificada em termos ideológicos. Como M.S. Ol'minski disse na Nona Conferência do Partido, em 1920: os bolcheviques da velha guarda entendiam que o sacrifício da democracia fora ditado pela emergência da guerra; "mas muitos de nossos camaradas entendem que a destruição de toda democracia seja a última palavra em comunismo, o verdadeiro comunismo".

Por fim, a guerra civil consolidou a convicção de que o Estado era a modalidade por meio da qual o socialismo seria construído. A ideologia de Lenin – sua absolutização do Estado como um instrumento do domínio de classe – estava na raiz desse processo. Mas a hipertrofia do partido-Estado foi tanto resultado da improvisação diante de crises e fatos imprevistos quanto de intenção deliberada. De fato, a ideologia, em muitos aspectos, deixou os bolcheviques impotentes para compreender as forças que estavam formando o seu regime, especialmente a compreensão primitiva que possuíam da "burocracia". Tendo eliminado a propriedade privada dos meios de produção com uma facilidade estarrecedora, Lenin convenceu-se de que o Estado era o único bastião do progresso em direção ao socialismo. O poder proletário era protegido exclusivamente pelo Estado e não tinha nenhuma relação, por exemplo, com a natureza das relações de autoridade no local de trabalho. Lenin, desta forma, não fazia ideia de que o próprio Estado poderia se tornar um instrumento de exploração e mal compreendia como os próprios bolcheviques podiam ser "capturados" pelo aparelho que teoricamente controlavam.

Capítulo 4

NEP: POLÍTICA E ECONOMIA

Em março de 1921, Lenin disse ao Décimo Congresso do Partido que a Rússia era como um homem "espancado quase até não lhe sobrar mais vida". O congresso, reunido enquanto a rebelião de Kronstadt acontecia, realizou-se ante um cenário de absoluta devastação na economia e insurgências camponesas por toda a nação. Muitos temiam que o regime não sobrevivesse. A resposta do congresso foi apoiar uma política que vinha sendo defendida por alguns membros do partido há bem mais de um ano: o fim do confisco forçado em favor de um imposto que seria cobrado dos camponeses em forma de bens, calculado como uma porcentagem da colheita. Esse passo relativamente modesto marcou a inauguração da Nova Política Econômica (NEP), que logo se transformou em repúdio maciço ao Comunismo de Guerra. Após o congresso, o CEC soviético deixou claro que os excedentes de grãos poderiam ser vendidos a cooperativas ou no mercado aberto (a palavra "comércio" ainda era tabu). O racionamento e a distribuição estatal de itens de subsistência logo foram suspensos; e cooperativas e indivíduos foram autorizados a arrendar pequenas empresas. Mais tarde, em resposta à chamada "crise das tesouras" – quando as "lâminas" dos preços industriais e agrícolas se abriram progressivamente, até que, em outubro de 1923, a proporção dos primeiros para os segundos estava três vezes maior do que em 1913 –, o governo impôs rigorosas medidas fiscais, de crédito e de preços para reduzir os preços industriais. Isso acarretou cortes nos gastos públicos e nos subsídios a empresas estatais. Em 1924, uma moeda estável fora estabelecida, e o rublo passou a ter lastro no ouro. A NEP entrava então em plena atividade: um sistema híbrido e abrangente que combinava uma economia camponesa, um setor estatal sujeito à "contabilidade comercial", conectado ao comércio e à indústria privados, a uma rede estatal e de cooperativas de obtenção e distribuição, a um sistema de crédito e a um rudimentar mercado de capitais.

No jargão da época, o objetivo da NEP era consolidar a aliança entre o proletariado e o campesinato. Lenin a descreveu tanto como um "recuo" quanto como uma política criada para durar "seriamente e por um longo tempo". Em seus últimos textos, escritos já quando se encontrava gravemente doente, Lenin pareceu esboçar um cenário no qual a transição para o socialismo seria gradual, baseada na revolução cultural (ver capítulo 5) e na expansão das cooperativas entre os camponeses, chegando até a admitir que "houve uma modificação radical em toda a nossa perspectiva do socialismo". Os historiadores debatem sobre a importância dessas reflexões derradeiras. Alguns as encaram como evidência de que Lenin passara a adotar uma alternativa semiliberal e baseada no mercado em lugar do socialismo estatista, mas na direção de uma evolução gradual da União Soviética do capitalismo de Estado para o socialismo. Outros observam que nem Lenin nem seu partido jamais se afastaram de uma concepção do socialismo como eliminação do mercado e propriedade inteiramente estatizada dos meios de produção. Mas não há dúvidas de que Lenin passou a encarar a NEP como mais do que um "recuo", como um sistema de transição no qual os mecanismos de mercado gradualmente fortaleceriam o setor estatal às custas do setor privado por, no mínimo, "uma ou duas décadas". Todos os líderes bolcheviques passaram a aceitar que a NEP era mais do que um recuo temporário, mas discordavam violentamente quanto à natureza e duração desse período de transição.

O ano econômico de 1925-1926 foi o apogeu da NEP, época em que a política oficial – nos termos articulados por Bukharin e apoiados por Stalin – estava em seu momento mais favorável aos camponeses, particularmente aos kulaks. A liderança anunciou que os impostos deveriam ser baixados e, subsequentemente, as restrições à contratação de trabalhadores e ao arrendamento de terras foram suavizadas. Em

1923-1924, o imposto em bens fora comutado em um imposto exclusivamente monetário, incidindo sobre terras cultivadas, gado e cavalos. Tal imposto operava numa base progressiva: em 1924-1925, um quinto das famílias foi isenta, por pertencerem à camada mais pobre do campesinato, e em 1929 essa proporção subiu para um terço. No total, o nível de taxação direta sobre as rendas agrícolas cresceu em comparação com o período pré-guerra; mas desde que os aluguéis de terras haviam sido abolidos, o fardo total de impostos diretos e indiretos caiu de 19% em 1913 para pouco menos de 10% em 1926-1927. Naquele ano, a produção de grãos havia voltado ao nível de antes da guerra, e a de outros produtos que não grãos estava bem acima dos níveis pré-guerra. Todavia, nem tudo estava tão bem quanto parecia. O propósito fundamental da NEP – em que pese todo o discurso sedutor dirigido aos camponeses – era espremer o setor rural de modo a levantar o capital necessário para investimentos industriais. Particularmente, o governo desejava exportar grãos – que na verdade corresponderam a apenas 35% do lucro agrícola líquido em 1926 – de modo a pagar por importações de maquinário. Para seu espanto, porém, os camponeses ainda estavam vendendo menos grãos do que antes da guerra, preferindo usá-los para alimentar a crescente população rural e para reerguer os rebanhos de gado. O governo reagiu ao elevar os objetivos de obtenção de grãos por órgãos estatais e cooperativas. Depois de janeiro de 1928, passou a se comportar como se os grãos fossem propriedade estatal.

Durante o período da NEP, o vigor e o tradicionalismo subjacentes da agricultura fizeram-se sentir poderosamente. A revolução agrária havia revertido o longo declínio do uso comunal de terras – o modelo da comuna agora se espalhava até para novas regiões, como a Ucrânia. A agricultura continuou a ser miseravelmente primitiva – equipamentos como máquinas de semeadura puxadas por cavalos, colheitadeiras, ceifeiras e máquinas debulhadoras eram raríssimos. A robustez da comuna foi um fator inibidor da mecanização e dos esforços governamentais para encorajar autênticas fazendas coletivas. Contudo, seria um erro concluir que a sociedade camponesa havia retroagido, voltando aos seus antigos costumes. Em 1928, quase metade das famílias camponesas pertencia a cooperativas de consumidores, e os agrônomos e agrimensores deram continuidade ao processo, iniciado por Stolípin, de reorganizar a terra de uma maneira mais racional e justa, sobretudo para beneficiar famílias mais necessitadas. As atitudes dos camponeses com relação à agricultura não eram monolíticas: as orientações tradicionais prevaleciam, mas a questão candente da terra cessara de absorver a geração mais jovem como fizera com a de seus pais. Uma amostra das 1,3 milhão de cartas enviadas ao *Jornal Camponês* no período de 1924 a 1926 apresenta um quadro complexo. Quase 60% delas relatam preferência por formas coletivas, e não individuais, de empreendimento, mas veem o desenvolvimento gradual das cooperativas como muito apropriado aos costumes russos; embora não sejam hostis ao mercado, pedem ao Estado que ajude a agricultura por meio de impostos e subsídios. O restante das cartas se divide mais ou menos igualmente em três categorias: as que encaram o Estado com desconfiança e defendem o empreendimento individual como o único meio de aumentar o padrão de vida dos camponeses; as que – em sua esmagadora maioria, enviadas por camponeses pobres – lamentam a permanência das desigualdades e procuram o Estado para retificá-las; e as que – cujos autores incluem comunistas e membros de comunas agrárias – manifestam genuíno entusiasmo pelas fazendas coletivas. Tudo isso indica que a agricultura estava se transformando. O problema era que a transformação era demasiado lenta para contribuir com a rápida modernização que o regime desejava ver.

Indústria e trabalho

A luta contra estados capitalistas mais desenvolvidos, que fora um elemento essencial da guerra civil, combinada com um sentimento apocalíptico de que a Rússia estava destinada a superar o Ocidente capitalista, ajudou, nos primeiros anos da década de 20, a redefinir a natureza da revolução como um movimento contra o atraso socioeconômico e cultural. Durante a NEP, os bolcheviques abandonaram a ilusão de que uma revolução no mundo capitalista desenvolvido viria em seu auxílio e foram obrigados a aceitar que teriam que fazer tudo sozinhos. Os objetivos supremos eram industrializar, urbanizar, modernizar a agricultura e levar educação e prosperidade ao povo soviético. Esses objetivos não eram, em essência, diferentes daqueles do final do regime czarista. O fim da década de 20 veria um renascimento da estrutura tradicional russa de uma transformação da sociedade induzida pelo Estado, impulsionada por uma competição militar e econômica com o Ocidente. Contudo, a ideologia que articulou esses objetivos era historicamente nova. Em contraposição à industrialização capitalista, a industrialização socialista seria realizada de acordo com princípios racionais, por meio de especialização, normas de aplicação universal e "um único plano econômico", sobre o qual muito se discutia desde 1917. Uma nova corrente na ideologia bolchevique, que podemos chamar de "produtivista", tomou então o centro do palco. Ela punha o desenvolvimento das forças produtivas e a organização planejada da produção no cerne da perspectiva socialista. Enfatizava o papel da ciência e da tecnologia na construção do socialismo. O produtivismo estava evidente no entusiasmo de Lenin pela eletrificação, que, ele declarou, "traria uma vitória decisiva dos princípios do comunismo em nosso país", ao transformar a agricultura de pequena escala, ao eliminar os trabalhos domésticos mais simples e ao trazer melhorias drásticas para a saúde pública e o saneamento.

A NEP estimulou uma recuperação rápida da indústria: em 1926-1927, a produção da grande indústria ultrapassou os níveis de antes da guerra, e o número total de empregados na indústria (3,1 milhões), construção (0,2 milhão) e ferrovias (0,9 milhão) era aproximadamente o mesmo que em 1913. Contudo, a NEP mostrou ter muito mais sucesso em estimular a pequena indústria do que a grande indústria de que a Rússia tanto precisava para se tornar uma grande potência industrial. Ademais, quando as fábricas existentes restabeleceram o ritmo normal de funcionamento, não ficou claro que a NEP poderia gerar o nível de capital necessário para a construção rápida de novas fábricas, minas e usinas de petróleo. Apesar da privatização da pequena indústria, quase toda a grande indústria, junto com os bancos e o comércio atacadista, continuou sob o poder do Estado. De fato, a maioria dos trabalhadores – até 80% da força de trabalho de Moscou – continuou empregada por empresas estatais. Estas teoricamente seriam autofinanciadas, autorizadas a comprar, vender e firmar contratos, mas, na prática, necessitavam de subsídios públicos. O Conselho Supremo da Economia e o comissariado de finanças, junto com a nova Comissão de Planejamento Estatal, influenciaram os investimentos industriais, fixando preços de atacado, distribuindo créditos, regulando salários e controlando importações por meio do plano estatal anual ("números de controle"). O resultado foi que os custos e preços industriais permaneceram altos: em 1926, eram aproximadamente duas vezes mais altos do que em 1913, embora depois disso alguma redução tenha ocorrido. O investimento líquido na indústria realmente cresceu – a um nível cerca de um quinto superior ao de 1913 –, mas à custa de cortes nos investimentos em habitação e transportes. Além disso, foi estimado que dois terços do crescimento foram financiados por verbas estatais, algo bastante inadequado para um país pobre que enfrentava competição de vizinhos muito mais fortes. O desempenho da NEP foi, portanto, contraditório. Em 1928, a renda nacional bruta havia se recuperado, voltando ao nível de antes da guerra, mas a disparidade entre a produção per capita da União Soviética e a de países capitalistas mais avançados continuava tão vasta quanto antes.

Com a NEP, os rígidos controles sobre o trabalho associados à militarização foram suspensos, mas as hierarquias administrativas foram plenamente restauradas. A tarefa primordial dos "Diretores Vermelhos" – dos quais praticamente dois terços eram especialistas técnicos ou administrativos – era reanimar a produção; dos secretários das células do partido e do comitê sindical fabril, esperava-se cooperação plena para alcançar esse objetivo. Os sindicatos perderam a influência na decisão de diretrizes, mas ainda podiam contestar as decisões da administração por meio das comissões de tarifas e litígios e dos tribunais. O poder do supervisor do chão de fábrica foi, em grande parte, restaurado, e os casos de supervisores tratando trabalhadores com grosseria, exigindo subornos e favores sexuais logo reapareceram. A despeito da ênfase sobre o know-how técnico e administrativo, os *spetsy* (especialistas técnicos) continuaram a ser vistos com desconfiança tanto pelos trabalhadores quanto pelo regime. Em 1927, mineiros de Shakhty, nas Donbas, se rebelaram contra novas metas de produção, usando o grito de protesto "Porrada nos comunistas e especialistas". No ano seguinte, o regime cinicamente se utilizou de tal sentimento ao colocar os engenheiros de Shakhty em julgamento por "vandalismo". Contudo, o regime deu pleno apoio aos esforços gerenciais para aumentar a produtividade por meio da redução do pagamento por peça, do aumento dos objetivos de produção, como também, a prazo mais longo, da introdução de uma maior mecanização, padronização e especialização da produção. Para encorajar a racionalização, divisões de estudos de cronogramas foram criados, e um exército de psicofisiologistas, psicotécnicos e higienistas do trabalho desceram às fábricas. A realização ficou aquém das aspirações; entretanto, em 1927, a produtividade média por hora trabalhada havia subido a um nível 10% maior do que o de 1913.

Grande parte do impulso racionalizador foi inspirada pela "organização científica do trabalho", conhecida por seu acrônimo russo NOT, uma adaptação da teoria criada por F.W. Taylor da "administração científica". Essa foi uma das expressões mais egrégias da corrente "produtivista" dentro do bolchevismo, que entendia a organização social do trabalho herdada do capitalismo, com suas técnicas e tecnologias de produtividade específicas, como sendo perfeitamente compatível com o socialismo. Um de seus principais defensores, A.K. Gastev, um ex-sindicalista e "operário-poeta", presidiu o Instituto Central de Trabalho a partir de 1920: "Na esfera social, precisamos entrar na época das medições precisas, fórmulas, plantas, graduação controlada, normas sociais". O sonho de Gastev de uma sociedade socialista na qual homem e máquina se fundiriam teve seus opositores. Quando ele proclamou no *Pravda*, em 1928, que "o tempo em que se poderia falar da liberdade do trabalhador em relação às máquinas já passou", críticos no Komsomol (Liga da Juventude Comunista) disseram que a noção de operário de Gastev era indistinguível da de Henry Ford. No final da década de 20, o impulso de fazer da ciência o árbitro das relações industriais cada vez mais entrou em conflito com uma corrente diferente dentro do bolchevismo, a corrente heroica e voluntarista que enfatizava a vontade revolucionária e a iniciativa coletiva como veículos para a superação do atraso russo. Já em 1926 "brigadas de choque" na indústria metalúrgica ucraniana e os operários da borracha no Triângulo em Leningrado procuraram quebrar as normas de produtividade, mas a "competição socialista" e as "explosões" (breves períodos em que os operários intensificavam os esforços físicos) não se tornaram hábitos arraigados antes do Primeiro Plano Quinquenal.

Em alguns aspectos essenciais, a vida dos trabalhadores melhorou durante a década de 20, sobretudo no que dizia respeito à jornada diária de oito horas. Os salários reais demoraram para voltar a um nível equivalente ao do pré-guerra, mas os aluguéis e transportes subsidiados permitiram que a vida da maioria dos trabalhadores melhorasse um pouco. Os salários das mulheres cresceram em relação ao período pré-guerra, em parte porque a União Soviética tornou-se o primeiro país no mundo a implementar a igualdade salarial. Mesmo assim, em 1928, seus rendimentos diários ainda equivaliam a apenas dois terços dos salários dos homens. Cerca de 9 milhões de trabalhadores sindicalizados gozavam de tratamento médico gratuito, auxílio-maternidade, pensões por invalidez e por outros motivos, embora o valor real de seu trabalho fosse ainda sofrivelmente baixo. Em 1927, os trabalhadores se alimentavam um pouco melhor – o consumo de carne, laticínios e açúcar havia crescido –, ainda que os dados nutricionais sugerissem que a dieta não melhorara desde a década de 1890. O número de empregos cresceu substancialmente, ultrapassando em muito os 10 milhões em 1929, mas o desemprego também cresceu, afligindo especialmente as mulheres. Inicialmente, o aumento do número de desempregados deveu-se à desmobilização do Exército Vermelho e às demissões provocadas por um "regime de economia" na indústria; mas, depois, o crescimento deveu-se à retomada da migração dos camponeses para as cidades. Em 1928, bem mais de 1 milhão de pessoas se estabeleceram permanentemente nas cidades, número acrescido aos 3,9 milhões de migrantes sazonais, impondo pressões extremas ao sistema habitacional e aos rudimentares serviços sociais.

No decorrer da década de 20, as greves escassearam, ficaram mais curtas e de menor retorno em termos de avanços. De acordo com dados oficiais, o pico das greves deu-se em 1922 e 1923. Depois disso, declinou regularmente, com uma queda acentuada em 1928. Dado que as condições de vida e de trabalho continuaram muito estressantes, seria de esperar que as greves não diminuíssem, especialmente quando se leva em conta o retorno à indústria de muitos trabalhadores qualificados e experientes. Em 1929, metade de todos os trabalhadores havia começado a trabalhar antes de 1917. Mas o arrefecimento das greves indica não que o descontentamento dos trabalhadores tivesse diminuído, e sim que o regime vinha obtendo algum sucesso em canalizar seus descontentamentos por meio das comissões de tarifas e litígios. O desemprego crescente sem dúvida também foi um fator importante na redução das greves. No geral, contudo, o arrefecimento das greves pode ter tido relação com um aumento global da passividade dos trabalhadores, que era motivo de preocupação para as autoridades. Em 1925, o comparecimento nas eleições dos comitês fabris havia caído tanto que foi pedido às células locais do partido e dos sindicatos que garantissem que as eleições seguintes fossem genuinamente democráticas. A campanha teve sucesso, já que a frequência de comparecimento às reuniões eleitorais cresceu, e, em algumas áreas, até metade dos membros eleitos para os comitês fabris não tinha filiação com o partido. Mas esses sinais de independência dos operários eram sempre preocupantes para as autoridades locais, que logo voltaram ao hábito de remover os "agitadores". Em 1927, as queixas a respeito da apatia dos trabalhadores eram novamente abundantes.

Não é fácil fazer generalizações sobre as atitudes políticas dos trabalhadores. A maioria deles continuava insatisfeita com suas condições de vida, ainda que estas houvessem melhorado imensamente em comparação com a época da guerra civil. Contudo, ao mesmo tempo em que culpavam o regime pelas más condições de trabalho e de vida, pareciam ter mantido a fé no ideal soviético. Uma amostra de 922 cartas de correspondentes urbanos (obviamente, um grupo mais amplo que o de operários) interceptadas pela Cheka entre os anos de 1924 e 1925 mostra que 53% eram a favor do poder soviético – porcentagem menor do que entre os correspondentes rurais –, mas que 93% expressavam insatisfação com as autoridades locais. Na primavera de 1926, conferências (não ligadas ao partido) de operários em Moscou manifestaram críticas severas à distância que separava os salários dos trabalhadores e os salários dos funcionários de colarinho branco, às estressantes condições de trabalho e péssimas condições de vida e aos privilégios de que desfrutavam os "novos senhores": "A esposa de Lunatcharski tem anéis com diamantes nos dedos e um colar de ouro. Como ela conseguiu essas coisas?". Tal sentimento tinha raízes em um engajamento nos valores da igualdade e do coletivismo, mas não deve ser idealizado, visto que podia assumir um matiz reacionário, transformando-se facilmente em condenações aos "judeus" – um "outro" amorfo, prontamente associado aos "homens da NEP" (comerciantes, produtores e fornecedores), às autoridades comunistas e aos patrões das fábricas. Tampouco se deve esquecer que havia um contingente considerável de trabalhadores que nutriam profunda antipatia pelo regime; não porque o considerassem traidor do socialismo, mas por se ressentirem das constantes exortações para que emendassem seus costumes "atrasados", abandonando as bebedeiras, o machismo, o antissemitismo etc. No geral, contudo, a maior parte dos trabalhadores parece ter se decepcionado com o progresso lento do socialismo, culpando o regime pela distância entre os desejos e a realidade. No entanto, que o condenassem nos termos dos ideais que esse mesmo regime alegava defender indica que ainda confiavam no socialismo e no poder soviético.

A luta intrapartidária

Em maio de 1922, Lenin sofreu uma paralisia parcial que restringiu severamente sua capacidade de trabalhar até outubro; em dezembro, sofreu mais dois derrames. A debilidade do líder fez as escaramuças iniciarem dentro da oligarquia partidária para decidir quem seria o sucessor. Nesse momento, o chamado triunvirato de Zinoviev, Stalin e Kamenev emergiu como o grupo dominante dentro do Politburo. Em abril de 1922, a admiração de Lenin pelas capacidades de Stalin como administrador fez com que este fosse nomeado secretário-geral do partido; antes do fim do ano, Lenin demonstrava-se preocupado com o comportamento de Stalin. Em dezembro, escreveu um testamento no qual comparava, em termos um tanto ressentidos, as qualidades de seis dos membros da oligarquia. Para Stalin reservou as críticas mais duras, chamando-o de rude, intolerante e caprichoso, e insistiu que ele fosse removido de seu posto de secretário-geral. Elogiou Trotski por suas capacidades extraordinárias, mas o repreendeu pela autoconfiança exagerada e pela demasiada preocupação com questões administrativas. A intenção de Lenin era que o testamento permanecesse em segredo; mas seu secretário revelou o conteúdo a Stalin, que dali em diante manteve Lenin incomunicável, sob a vigilância de médicos que se reportavam exclusivamente a Stalin. Apesar de sua fragilidade, Lenin lutou para frustrar as pretensões de Stalin, criticando vigorosamente a arrogância com que tratara os comunistas georgianos que ousaram fazer oposição ao seu plano de anexar a Geórgia à RSFSR. Quando, em 4 de março de 1923, ficou sabendo de uma ocasião em que Stalin submetera Krupskaia a uma "tempestade de xingamentos grosseiros", disparou uma carta furiosa ameaçando cortar relações com o secretário-geral. Mas sua luta contra o "maravilhoso georgiano" que ele tanto fizera para promover, embora heroica, veio tarde demais. Em 10 de março, Lenin sofreu um derrame de grandes proporções que o deixou paralisado e sem fala e morreu em janeiro de 1924. Trotski era, de longe, o mais carismático dos herdeiros de Lenin, contudo era intensamente detestado pelo triunvirato. Dos fatores que impediram que assumisse o posto de Lenin, um dos mais importantes foi o que A. Lunatcharski chamou de "sua tremenda arrogância e incapacidade ou falta de vontade de ser minimamente simpático e atencioso com os outros". Somente em outubro de 1923, tendo por pano de fundo a "crise das tesouras", ele abriu oposição ao triunvirato, criticando duramente a burocratização do partido e defendendo uma industrialização acelerada que fortalecesse o proletariado. Durante o ano de 1924, Stalin e Zinoviev promoveram uma campanha virulenta contra essa oposição de esquerda, negando a filiação bolchevique de Trotski ao chamar atenção para seus conflitos com Lenin antes de 1917. Já que Trotski não demonstrara qualquer simpatia pelos grupos oposicionistas anteriores, sua conversão tardia à causa da democracia intrapartidária foi vista por muitos como nada mais do que um disfarce para suas ambições "bonapartistas".

No final de 1924, para se opor à afirmação da esquerda de que uma revolução internacional era a única maneira de garantir a sobrevivência da Rússia como regime socialista,

15. Krupskaia e Lenin, Gorki, 1922.

Stalin proclamou uma nova doutrina de "socialismo em um só país", desta forma inaugurando um processo que terminaria, na década de 30, na reabilitação em grande escala da história e das tradições da Rússia. Uma vez que Trotski fora removido da presidência do Conselho Militar Revolucionário em janeiro de 1925, Zinoviev e Kamenev voltaram suas forças contra Bukharin, o mais eloquente defensor da NEP. Eles acreditavam que um número excessivo de concessões estava sendo feito ao campesinato e sabiam que Stalin, cujas ambições há muito tempo os preocupavam, apoiava inteiramente Bukharin. No Décimo Quarto Congresso do Partido, em dezembro de 1925, criticaram a vasta concentração de poder nas mãos do secretário-geral, mas Stalin tinha agora poder suficiente para removê-los de posições de importância. No verão de 1926, em uma reviravolta impressionante, Zinoviev e Kamenev uniram forças com seu ex-inimigo Trotski para formar a Oposição Unida. Stalin, decidido a aniquilar esse novo desafio, alinhou-se com um grupo direitista composto por Bukharin, A. Rikov, líder do Conselho de Comissários do Povo, e Tomski, o líder dos sindicatos. Em outubro de 1926, Trotski e Zinoviev foram expulsos do Comitê Central, acusados de representar uma "aberração social-democrata". Em novembro de 1927, ambos haviam sido expulsos do partido. Em janeiro de 1928, Trotski foi mandado para o exílio, em Alma Ata, um prenúncio de sua deportação e posterior assassinato pelas mãos de asseclas de Stalin. Quando a crise de obtenção de grãos se agravou em 1927-1928, contudo, Stalin mudou velozmente de posição. Rejeitando o gradualismo defendido pela direita, convocou em 1928 uma "luta obstinada" contra o "oportunismo de direita". Embora fosse um teórico brilhante, politicamente Bukharin não era páreo para Stalin. Em abril de 1929, a "oposição de direita", que mal chegava a funcionar como uma facção organizada, foi esmagada, e Bukharin expulso do Politburo.

No coração da luta intrapartidária, estava um conflito a respeito de qual seria a melhor estratégia para industrializar a Rússia em condições de atraso econômico e social e isolamento internacional. Mas a posição central que o conceito de classe ocupava na ideologia bolchevique implicou que o debate se focasse menos em questões técnicas do que em discussões sobre se determinadas políticas teriam implicações "proletárias" ou "burguesas". Trotski aceitava o arcabouço da NEP – o mercado, incentivos materiais e a aliança com o campesinato –, mas enfatizava a primazia da construção de uma indústria estatal e da defesa do proletariado. Bukharin, por seu lado, argumentava que a preservação da aliança com os camponeses era a prioridade máxima. Os camponeses deviam poder prosperar – daí seu slogan "Enriqueçam", que tanto enfureceu a esquerda –, visto que o setor estatal, mais eficiente, responderia à demanda crescente por bens de consumo, gradualmente escanteando o setor privado. Bukharin reconhecia que o progresso seria lento, comparando seu programa a "cavalgar em direção ao socialismo montado no pangaré de um camponês", mas a Oposição Unida mostrava-se preocupada, pois acreditava que isso daria azo ao fortalecimento das forças "kulak". Enquanto a NEP parecia funcionar, Stalin procurou seguir um caminho do meio, explorando com sucesso as discordâncias entre seus oponentes. Em 1926, inclinou-se mais para a direita, opondo-se à represa de Dnieprostroi, afirmando que construí-la seria o equivalente a um camponês comprar um gramofone enquanto deveria estar consertando seu arado. Mas, quando a percepção de que a NEP estava ganhando terreno se difundiu, Stalin mudou de direção abruptamente, exigindo, em 1928, um ritmo de industrialização muito mais frenético do que jamais fora aventado pela esquerda. Já que o país estava ficando ainda mais para trás das potências capitalistas, a facção stalinista insistia que a velocidade era primordial, e que um avanço decisivo só poderia ocorrer se houvesse uma ruptura com a NEP.

Embora não se possa interpretar o conflito intrapartidário como uma simples luta pelo poder, a questão do poder, não obstante, estava em seu cerne. Lenin, que governara mais em virtude de seu carisma que do cargo formal que ocupava, legou uma estrutura de instituições fracas mas inchadas, que necessitavam de um líder forte para saber que direção tomar. Ninguém na oligarquia desfrutava de algo que chegasse perto da autoridade pessoal de que Lenin desfrutara. A questão de quem deveria sucedê-lo, portanto, levantou questões espinhosas sobre a institucionalização do poder. Embora não fosse defensora de uma democracia socialista, a oposição de esquerda defendia uma liderança coletiva como alternativa à extrema concentração de poder nos órgãos centrais do partido e pedia também tolerância à diferença de opinião dentro do partido. Os oposicionistas, entretanto, acreditavam na importância suprema da disciplina e da unidade e temiam muito ser vistos como divisores. Isso os desarmou psicologicamente – não há evidência mais patética disso do que a declaração de Trotski ao Décimo Terceiro Congresso do Partido, em maio de 1924, afirmando que "o partido, em última análise, sempre está com a razão". Stalin explorou habilmente o medo generalizado da falta de unidade, construindo uma reputação de defensor da ortodoxia contra diferentes opositores. Ao repisar o assunto das antigas discordâncias entre Trotski e Lenin, ele se juntou ao crescente culto a Lenin, especialmente com a publicação, em 1924, de seu livro *Fundamentos do Leninismo*, que retratava Lenin como modelo de retidão política. Este se tornou um texto essencial na educação de dezenas de milhares de novos recrutas, que eram facilmente persuadidos de que o "antileninismo" da oposição a privava do direito de ser ouvida com boa vontade. De modo semelhante, ao apostar suas fichas no "socialismo em um só país", Stalin abriu a perspectiva otimista da Rússia atrasada erguendo-se por meio de seus próprios esforços, sem esperar pela revolução internacional. Trotski, o alvo da nova doutrina, nunca chegou realmente a negar que fosse possível começar a construção do socialismo, mas via a revolução internacional como necessária no longo prazo para que a Rússia não se visse forçada à autarquia e ao isolamento diplomático. Stalin caracterizou a perspectiva de Trotski de revolução permanente como uma de "permanente tristeza" e "permanente desesperança". Ele e seus defensores, ao contrário, se apresentavam como otimistas, leais e disciplinados, "gente que faz", e não bebês chorões. Isso parecia sedutor ao nacionalismo latente das fileiras mais jovens do partido, a maioria operários, que, embora macaqueassem o discurso de classe e internacionalismo, se ressentiam profundamente da ideia de que a Rússia fosse inferior ao Ocidente.

Caros camaradas líderes,

Estou escrevendo esta carta para vocês porque quero contar que impressão nós, o povo atrasado, mal desenvolvido e bitolado, estamos tendo do caso do camarada Zinoviev e outros de nossos oficiais. Camaradas, como um sujeito bitolado e atrasado, não consigo imaginar a construção do socialismo sem uma união forte de nosso partido e liderança. Entendo perfeitamente o que acontecerá se, no centro da construção do socialismo, estiverem as brigas, a falta de coordenação, a desunião. Não construiremos nada. E o que a burguesia e os países ocidentais acharão de nós? Farão troça de nós, vão ficar de olhos abertos à espera da ruína do nosso poder soviético. Se houver rixas, isso novamente tornará mais fácil para os agitadores e mencheviques espalharem suas propagandas mentirosas contra o poder soviético. Sou um jovem trabalhador que nasceu em 1902 e entrou para o Komsomol em 1923.

Carta de P. Ivanov, um operário, ao Comitê Central, fábricas Vyshchi Ol'chedaevskii, posto de Nemrich, distrito de Mogilev, província de Podol'sk

Esse contexto ideológico e psicológico nos ajuda a compreender por que Stalin saiu vencedor no conflito intrapartidário, mas pouco serve para explicar como um "homem da organização", capaz, mas relativamente discreto, pôde se tornar um dos tiranos mais cruéis do século XX. Para entender isso, é preciso examinar a personalidade de Stalin e sua compreensão brilhante do clientelismo. Stalin, ao contrário de Lenin e Trotski, nasceu pobre, em uma família na qual seu pai bêbado e violento estava muitas vezes ausente. Essa experiência de infância gerou nele uma perspectiva de vida profundamente pessimista; Stalin acreditava completamente na opinião de Maquiavel – uma de suas leituras – de que "os homens são ingratos, volúveis, mentirosos e enganadores". Superado intelectualmente por homens como Trotski e Kamenev, deixou sua marca por sua imensa capacidade para o trabalho minucioso. Tático de primeira linha de excelente memória, era frio e calculista, avesso aos histrionismos aos quais Zinoviev e Trotski eram propensos. Nas palavras de M.I. Riutin, líder do último dos agrupamentos oposicionistas no início dos anos 30, ele "era intolerante, astucioso, amava o poder, era vingativo, traiçoeiro, invejoso, hipócrita, insolente, cabotino, teimoso". O que essa lista ignora é que Stalin era também afável e informal e sabia se fazer agradável.

A partir de abril de 1922, Stalin foi o único membro da oligarquia que era, ao mesmo tempo, membro pleno do Politburo, do Orgburo e do Secretariado. Por meio do controle desses dois últimos órgãos, ele pôde influenciar os planos do Politburo e determinar a nomeação para cargos até em secretarias distritais do partido. Um de seus primeiros atos como secretário-geral foi ordenar que tais secretários distritais se reportassem pessoalmente a ele no quinto dia de cada mês. Gradualmente, usou seu poder para nomear aliados para cargos importantes no aparelho do partido-Estado e para quebrar as bases de poder dos adversários, incluindo o bastião de Zinoviev em Leningrado e a base direitista de Uglanov em Moscou. Em cada um dos pontos de virada mais importantes do conflito intrapartidário, com exceção da batalha contra o "desvio direitista" em 1928, a maioria dos líderes partidários das camadas inferiores ficou do lado de Stalin. Em 1929, o "bigodudo" adquirira controle absoluto sobre a máquina do partido, transformando o Secretariado em sua chancelaria pessoal e revelando uma capacidade verdadeiramente bizantina para intrigas e subterfúgios.

Partido e povo

Durante os anos vinte, uma nova elite dominante começou a surgir, definida por seus privilégios e poderosas conexões políticas. O principal mecanismo por meio do qual foi constituída era o sistema da "nomenklatura", criado em 1920, pelo qual o Comitê Central (ou o comitê provincial ou distrital pertinente, no caso de cargos juniores) reservava para si o direito de fazer nomeações importantes na administração do partido e do Estado. Em 1922, o escritório de nomeação de funcionários do Comitê Central era responsável por mais de 10 mil nomeações por todo o país. A elite emergente consistia de dirigentes do partido do nível *oblast* (provincial) para cima, de dirigentes seniores do Estado e dos administradores industriais mais importantes. Em 1927, havia cerca de 3 a 4 mil dirigentes nos níveis mais altos do partido e cerca de 100 mil nos níveis médio e baixo. Quando se acrescentam os dirigentes seniores ao aparelho estatal, incluindo indústria e educação, talvez seja possível dizer que meio milhão de pessoas – de uma população de mais de 86 milhões de trabalhadores – tenham formado essa elite. Por uma decisão da Décima Segunda Conferência do Partido, em agosto de 1922, as autoridades responsáveis até o nível das secretarias distritais do partido tinham garantia de rações, habitação, uniformes, assistência médica e viagens de repouso à Crimeia. Os parentes também desfrutavam desses privilégios. Contudo, em contraste com seus equivalentes nos países capitalistas, os membros da elite recebiam poder e privilégios com a posse de um cargo, e não propriedades e riquezas; sua permanência nos cargos não tinha qualquer garantia de estabilidade e não podiam legar suas posições aos descendentes.

Entre 1921 e 1929, o número de membros do partido aproximadamente dobrou, chegando a mais de 1 milhão, apesar de uma série de "expurgos" – um termo que ainda não adquirira conotação sinistra – que expulsaram centenas de milhares de membros por passividade, carreirismo ou alcoolismo. O partido conseguiu se "proletarizar", na medida em que, em 1927, quase metade de seus membros era de origem trabalhadora. Mais de 300 mil desses "trabalhadores", contudo, advinham, na verdade, de funções de colarinho branco ou administrativas. Enquanto ocorria essa expansão, os "bolcheviques da velha guarda" perdiam espaço. Em 1925, restavam somente 2 mil membros que haviam entrado no partido antes de 1905. Muitos destes eram intelectuais, que haviam sofrido encarceramentos e exílios internos e vivido por alguns períodos no exterior, cujos valores em muito diferiam dos daqueles novatos plebeus. A maioria dos novatos tinha somente educação primária e pouca compreensão da teoria marxista. Em meados dos anos 20, a comissão de controle do partido declarou que 72% dos membros em Voronezh eram "analfabetos políticos". Embora indubitavelmente sinceros, eles entendiam a construção do socialismo em grande parte como consequência do desempenho zeloso das tarefas ordenadas pelos líderes. Ademais, como os relatórios da polícia secreta regularmente observavam, o desejo de "obter um emprego que pague melhor e um bom apartamento" era uma das principais motivações. Esses plebeus promovidos a cargos administrativos – e na região autônoma de Votskaia (anteriormente parte da província de Viatka) eles somavam nada menos que metade do contingente do partido – viam sua promoção como prova de que o proletariado era agora a classe dominante, embora provavelmente não mais do que 5% do total da força de trabalho tenha alguma vez se beneficiado dessa mobilidade ascendente.

Enquanto isso, a "burocratização" do partido continuava a todo vapor. Em seus últimos anos, talvez sob o desgaste da doença, os escritos de Lenin assumiram um tom sinistro e pessimista. "Estamos sendo engolidos por um pântano pestilento e burocrático". Mas ele continuou a acreditar que a solução estava em promover os trabalhadores e em fazer com que o Inspetorado dos Trabalhadores e Camponeses (Rabkrin) e a comissão de controle do partido guerreassem contra a ineficiência e a inércia, respectivamente, no Estado e no partido. Essas novas agências, contudo, rapidamente sucumbiram à doença que deveriam curar. Em Tver', nada menos do que 29 seções do Rabkrin realizavam a inspeção da indústria têxtil local. Na década de 20, houve apelos intermináveis a ativistas para que denunciassem casos de corrupção, incompetência e inconstância, mas havia pouca consciência de que o "burocratismo" era um problema sistêmico, e não individual. Ao mesmo tempo, apesar da crescente divisão do trabalho, das ramificações hierárquicas e do constante prolongamento da papelada, a operação do poder não era de forma alguma estritamente "burocrática", pois o sistema baseava-se muito mais na autoridade individualizada do que em instituições e procedimentos formais. Os dirigentes de nível médio e baixo, estando pouco seguros em seus cargos e tendo pouca proteção institucional contra os superiores, desenvolveram redes de clientes para consolidar a influência em suas esferas específicas e para se proteger contra o centro. Por trás da fachada de hierarquia burocrática, o poder era frequentemente efetuado por meio da "influência da família", com chefes locais, como G.K. Ordzhonikidze em Tbilisi, Kirov em Baku, ou F.I. Goloshchekin no Cazaquistão, que comandavam extensos feudos pessoais.

Um aspecto essencial que diferenciou o período da NEP tanto da época da guerra civil quanto da década de 30 foi o abandono do terror como instrumento de dominação política. A polícia secreta não foi eliminada, mas a OGPU, que substituiu a Cheka, limitou-se à vigilância rotineira da população e à segurança externa do Estado. Mais importante, um esforço deliberado foi feito para expandir o alcance da lei. Em 1922, um Código Penal foi instaurado, baseado numa quantidade surpreendentemente grande de elementos da jurisprudência czarista. Um sistema centralizado de tribunais ressurgiu, e o escritório do procurador logo se tornou a agência judiciária mais poderosa. A prática da advocacia foi novamente profissionalizada, mas os advogados instruídos formados continuaram uma raridade, o que manteve os juízes e assessores leigos, mal pagos e dependentes da boa vontade das autoridades, bastante influentes. Muitos dos valores da revolução, ademais, continuaram a influenciar a prática jurídica, de modo que os criminosos das "classes trabalhadoras" – especialmente os infratores juvenis, entre os quais houve uma explosão de criminalidade – continuaram a ser tratados com grande leniência e com uma forte ênfase na reabilitação. Não obstante, havia limites claros à institucionalização de uma sociedade limitada por leis: o judiciário não conseguiu desenvolver uma independência significativa em relação ao Estado e certamente não conseguiu proteger os indivíduos do Estado. Além disso, os bolcheviques continuavam a ver a lei principalmente como um meio de defender o Estado e serviram inconscientemente como perpetuadores da tradição russa.

O interior continuou a contar com tão pouco governo quanto havia no período czarista: a proporção de policiais para habitantes era na verdade inferior à de antes de 1917. O controle partidário era assegurado somente até o nível das executivas de condado dos sovietes, embora, durante a década de 20, tenha havido um progresso veloz no aumento desse controle sobre as executivas municipais. Nos sovietes dos vilarejos, a influência do partido era irrisória. Mesmo em 1928 havia somente uma organização partidária para cada 26 centros rurais de população. Os camponeses demonstravam algum interesse pelos sovietes de vilarejos e pelas executivas municipais, já que esses órgãos influenciavam a alocação de impostos e terras; mas eram, no geral, indiferentes aos sovietes dos condados: "Não temos qualquer objeção a um governo; precisamos de uma autoridade, mas não nos importa como ela seja organizada". Somente um quarto dos membros das executivas dos condados eram camponeses, comparado com os 44% de "funcionários", a maioria dos quais havia trabalhado anteriormente nos zemstvos. A maioria esmagadora dos membros das executivas municipais e dos sovietes de vilarejo, em contraposição, era constituída de camponeses, geralmente, mas não sempre, saídos das camadas mais pobres. O "jovem que ainda não faz a barba", com um histórico de serviço no Exército Vermelho e pouca educação primária, era o representante arquetípico dos sovietes rurais. Apesar dos esforços para aumentar a representação feminina nos sovietes dos vilarejos, esta cresceu apenas de 1% em 1922 para 12% em 1927. Os funcionários dos sovietes das camadas mais baixas não impunham muito respeito, em parte por serem vistos pelos aldeões mais velhos como inexperientes e ignorantes em matéria de agricultura, em parte porque compensavam seus salários baixos com corrupção e desfalques. As queixas contra eles eram uma legião. Ainda assim, os camponeses também notavam a ausência de "grã-finos" no governo local e também o fato de que os sovietes eram liderados por "nosso povo, pessoas com que podemos ralhar e dividir um cigarro", o que indica que a fronteira entre Estado e sociedade tornara-se mais porosa desde o período czarista.

No início da NEP, a profunda alienação dos camponeses em relação ao regime revelou-se no fato de que somente 22% dos eleitores rurais (e apenas 14% de mulheres) participaram das eleições para os sovietes de 1922. A campanha "Atenção ao interior" do outono de 1924 procurou revitalizar os sovietes rurais, exortando-os a ser "educados, atenciosos, ouvindo a voz do campesinato", com o resultado de que a participação cresceu para 47% em 1926-1927. Na eleição inauditamente livre de 1925, os comunistas foram tirados pelo voto dos sovietes de algumas áreas, e houve pedidos generalizados pela criação de sindicatos camponeses. A assertividade maior do campesinato inquietou o regime, alimentando a ansiedade sobre a ameaça kulak. É imprudente fazer generalizações sobre as atitudes políticas de 100 milhões de camponeses, exceto para dizer que eles estavam longe de ser uma massa subjugada. Ademais, apesar de seus medos em relação aos kulaks, o regime os encorajou a falar abertamente. Com algum grau de certeza, é possível afirmar que os partidários entusiasmados do regime eram minoria, o mesmo sendo verdadeiro sobre seus inimigos implacáveis. A maioria entre os extremos provavelmente considerava opressiva qualquer forma de autoridade e, sem dúvida, sentia que a revolução pouco havia mudado na maneira do governo de lidar com os governados. Não obstante, a tensão entre camponeses e governo diminuiu depois de 1923. Uma amostra de 407 cartas enviadas por camponeses a soldados do Exército Vermelho, interceptadas por censores militares em 1924 e 1925, indica que quase dois terços avaliavam positivamente o governo soviético – provavelmente uma proporção jamais superada –, mas que praticamente todos eram críticos das autoridades locais. Análises das cartas enviadas ao *Jornal Camponês* entre 1924 e 1928 apontam que as principais questões que os preocupavam – sendo a dos impostos a campeã – eram o preço e a qualidade dos produtos manufaturados, a desonestidade de intermediários, a exploração por parte dos kulaks, a jornada de oito horas diárias desfrutada pelos operários e as melhores condições culturais das cidades. Muitas dessas questões refletem um sentimento profundo de que os camponeses eram cidadãos de segunda classe na nova ordem. Em 1926, pela primeira vez, uma proporção maior de correspondentes (28%) expressou descontentamento com o poder soviético do que apoio (23%). O ponto principal da maior parte das cartas era que a maioria dos camponeses vivia em condições muito duras ("descalços e pelados", "cheios de fome") devido aos impostos e preços fraudulentos. Muitos culpavam abertamente o governo. Uma carta assinada por cem camponeses pobres fulminava: "Comunistas e comissários, todos vocês se esqueceram de 1917. Como parasitas, ficam em suas camas quentinhas bebendo nosso sangue". Ao que parece, milhões de pessoas haviam começado a assimilar a linguagem do regime, a tomar ao pé da letra suas afirmações de estar construindo o socialismo. De maneira nenhuma, isso significava que se sentissem satisfeitos: na verdade, a distância entre o ideal soviético e a realidade cotidiana provavelmente intensificou a desilusão com um governo que ficava tão aquém dos próprios ideais. Contudo, ao criticar o regime por fracassar em tornar realidade seus ideais, implicitamente atribuíam alguma legitimidade a ele.

Caro Mikhail Ivanovich!

Envio os meus cumprimentos do pobre e distante oblast autônomo de Kirghiz, cumprimentos de uma camponesa da estepe de Samara. Escrevo a você somente porque você também é um camponês e um trabalhador, além de, no momento, ser o defensor e mediador dos pobres. Mikhail Ivanovich, nós lutamos, muito sangue foi derramado, muitos inocentes morreram. Eles lutaram pela igualdade social. Mas onde está ela? Vi, em nosso país proletário, ao lado de um luxo assustador, uma pobreza ainda mais assustadora. Mais uma vez sinto o ódio em meu peito, como senti no passado, mas então eu sabia a quem direcionar meu ódio e a derrota de quem comemorar. Nosso diretor financeiro recebe 140 rublos por mês, mais um apartamento mobiliado e com luz e aquecimento. Mas a empregada que tem que alimentar seis caldeiras por dia, transportar doze puds de combustível, levar água em seus ombros para que os funcionários possam lavar as mãos, ela recebe doze rublos, não tem roupas de trabalho, nenhum dia de folga e nenhum feriado. Já discuti com alguns que se dizem membros do partido, mas tudo o que eles conseguem dizer em resposta às minhas perguntas é que é impossível fazer com que todos sejam iguais. Tem gente que é esperta e tem gente que é trouxa. Mas eu já ouvi essa conversa no tempo de Nicolau. Quando criança eu passava noites em claro desejando expressar meus pensamentos àquele querido velhinho, Liev Nikolaevitch Tolstói, mas eu não tinha coragem de escrever para ele e, de qualquer maneira, isso seria perigoso. Agora tenho 34 anos e três filhos e sou quase uma inválida, mas estou tão preocupada quanto antigamente.

K.I. Tokareva a M.I. Kalinin, 9 de março de 1926,
Hospital da Cidade, Urda Bukeevskaia

Construindo a nação

A ideia de uma União das Repúblicas Socialistas Soviéticas, na qual a RSFSR seria uma república entre várias, não foi formalizada antes de 1922. Até essa data, uma série de tratados bilaterais entre a RSFSR e as repúblicas da Ucrânia, Bielorrússia, Geórgia, Armênia, Azerbaijão, Bukhara, Khorezm e o Extremo Oriente havia começado a cimentar uma federação entre esses estados. O líder búlgaro do governo soviético ucraniano, C. Rakovski, e os bolcheviques georgianos P.G. Mdivani e F.I. Makharadze defendiam um arranjo solto no qual as repúblicas continuariam como entidades soberanas. Em contraposição, Stalin defendia a "autonomização", que implicava a anexação das repúblicas à RSFSR. Lenin rejeitou essa solução, classificando-a de recendente do chauvinismo do velho regime e insistiu em uma federação na qual repúblicas não russas teriam uma posição igual à da RSFSR. Stalin foi obrigado a aceitar, mas se aproveitou da doença de Lenin para assegurar que a devolução do poder às repúblicas não russas não enfraquecesse a ditadura do partido. A constituição da URSS, finalmente ratificada em 31 de janeiro de 1924, não deixou dúvidas de que o poder final estava nas mãos de Moscou. Onde os não russos resistiram à anexação, foram devidamente esmagados, como aconteceu no verão de 1925, quando I.S. Unshlikht liderou 7 mil soldados, oito aviões e 22 unidades de artilharia pesada para "desarmar a população bandida" da Chechênia.

Porém, dentro da estrutura de uma União Soviética dominada pela Rússia, os anos 20 testemunharam um extraordinário processo de construção da nação, com os bolcheviques entronizando a nacionalidade como o princípio maior da organização sociopolítica. Etnógrafos começaram a trabalhar na classificação de grupos étnicos, muitos dos quais mal se viam como nações, e políticas foram concebidas para promover elites políticas e intelligentsias nativas e também línguas e culturas minoritárias. O processo foi concebido, nas palavras de Stalin, para gerar repúblicas e regiões autônomas que fossem "nacionais na forma, mas socialistas no conteúdo". Isso era um tanto paradoxal, visto que a União Soviética afirmava representar a transcendência do Estado-nação e, em diversos períodos, lançou mão do discurso de uma "fusão" final de nações em um único povo soviético. Na prática, contudo, a nacionalidade, outrora vista como um obstáculo ao socialismo, passou a ser vista positivamente

– como a modalidade pela qual o desenvolvimento econômico, político e cultural dos povos não russos aconteceria. Tendo eliminado as elites tradicionais, o regime criou uma base para si nas repúblicas não russas promovendo membros da população nativa – principalmente homens jovens e politicamente ativos de origens humildes – a posições de liderança. Ao institucionalizar as autonomias como unidades políticas e ao criar elites nacionais, o governo soviético ajudou a criar quase nações, embora num nível subestatal. Num sentido geral, essa política de naturalizar o partido--Estado mostrou-se justificada. A proporção de ucranianos no Partido Comunista Ucraniano, por exemplo, cresceu de 24% em 1922 para 52% em 1927, ao passo que o número de membros cazaques do partido dessa república cresceu de 8% para 53% entre 1924 e 1933. No centro, todavia, os eslavos continuaram a monopolizar os cargos mais importantes das organizações políticas, militares e de segurança. Em outras palavras, os limites da autonomia foram firmemente delineados por Moscou; aqueles que ousassem resistir a tais limites arriscavam ter o mesmo destino do talentoso Sultangaliev, julgado em junho de 1923 sob a acusação de ser um "comunista nacional".

A dimensão cultural do programa de construção nacional, que tomou a forma de iniciativas de alfabetização e educação das massas e de promoção da cultura impressa em línguas nativas, foi um sucesso brilhante. Alfabetos foram criados para povos que não tinham língua escrita. Em 1927, 82% das escolas na Ucrânia ensinavam por meio da língua ucraniana. As intelligentsias nativas recebiam acesso preferencial à educação superior e aos cargos profissionais. Onde havia povos minoritários inseridos em autonomias nacionais, eles recebiam seus próprios sovietes nacionais. No Extremo Oriente, por exemplo, povos chineses e coreanos desfrutaram de um nível inaudito de tolerância, tomando parte no governo local, criando suas próprias escolas e jornais. Essa ênfase na autonomia cultural-nacional, contudo, não impedia a irrupção de conflitos. Os tártaros preferiam a adoção do árabe como o meio escrito de sua língua, enquanto os muçulmanos no Azerbaijão e no Cáucaso do norte pressionavam para que a língua escrita fosse latina. Em 1925, a opinião das autoridades havia optado pela segunda alternativa. Moscou realmente encorajava a diversidade nacional, mas sempre em seus próprios termos. Firmemente comprometida com uma visão evolucionista do desenvolvimento social, não considerava iguais todas as culturas e tinha pouco pudor em criticar aspectos de algumas culturas, como as da Ásia Central, que classificava de "atrasadas". De fato, o próprio reconhecimento de um povo como nação dependia de Moscou: os curdos, por exemplo, nunca foram reconhecidos como nação; e o escopo da autonomia política também dependia dos caprichos de Moscou; a Abkhazia, por exemplo, teve seu reconhecimento como república plena retirado em 1931. Os anos 20, portanto, foram uma época notável de construção nacional; contudo, ficaram evidentes desde o início as contradições entre a institucionalização das nacionalidades dentro de uma estrutura federativa e a centralização do poder político e econômico em um Estado unitário dominado por eslavos.

A crise da NEP

Entre 1926-1927 e 1928-1929, as condições de comércio para a agricultura melhoraram, graças a uma queda dos custos industriais; mas, embora o volume total dos alimentos vendidos continuasse a crescer, as vendas de grãos não subiram. De fato, uma redução do preço pago pelo Estado levou a uma grave escassez no outono de 1927, quando somente 16,9% da colheita foi vendida. No verão de 1928, o racionamento foi reintroduzido nas cidades. Enquanto isso, o governo estava decidido a aumentar a velocidade dos investimentos na indústria pesada, uma decisão solidificada pelo temor da guerra do verão de 1927, gerado pelo rompimento das relações diplomáticas por parte da Inglaterra. A crise da obtenção de grãos de 1928, desta forma, colocou em suspenso a questão de se as ambiciosas metas do Primeiro Plano

Quinquenal, ratificado em dezembro de 1927, poderiam ser cumpridas. Muitos no partido estavam agora convencidos de que os kulaks haviam feito a zona rural de refém. Tendo esmagado a oposição de direita, Stalin resolveu esmagar essas forças "burguesas".

Nos últimos anos, a NEP tem sido tema de discussões acaloradas. Durante a perestroika de Gorbachev, de 1986 a 1991, muitos argumentaram que a NEP poderia ter gerado um crescimento econômico equilibrado em um ritmo igual ao conseguido pela industrialização forçada do Primeiro Plano Quinquenal, uma vez descontados os desperdícios e destruições. Com o colapso da União Soviética em 1991, o consenso mudou, com os historiadores argumentando que a NEP estava destinada a fracassar sob o peso de suas contradições. O relato anterior procurou mostrar que, embora não haja uma contradição absoluta entre planejamento e mercado, a NEP era um sistema profundamente contraditório. Desde o início, mostrou-se vulnerável a crises e, na medida em que evoluiu, a tentação de usar métodos de "comando administrativo" para alterar o funcionamento do mercado mostrou-se irresistível. No entanto, em 1928, a NEP não estava em uma crise terminal. O confisco de grãos era um problema sério, causado diretamente pela estratégia de priorizar os investimentos na indústria pesada numa economia marcada por escassez aguda de bens de consumo, porém uma modificação no preço dos grãos proporcional a outras commodities agrícolas poderia ter aumentado a venda dos grãos. O principal problema era que a NEP não podia gerar o nível de investimento requerido para sustentar o ritmo de industrialização agora almejado por Stalin e seus seguidores. Embora suas metas de crescimento tenham posteriormente se tornado ridiculamente ambiciosas, eles não estavam necessariamente enganados em pensar que o crescimento tinha de ser rápido. Especificamente, a tensão internacional criada pelo acordo de paz de Versalhes deixou a União Soviética vulnerável às potências hostis e ditou que o país erguesse sua força econômica e militar o mais rápido possível.

Contudo, em última instância, o rompimento com a NEP foi determinado não por uma sóbria avaliação da situação internacional ou por uma discussão técnica dos níveis de investimento, mas sim pela ideologia. É possível duvidar que os kulaks estivessem tomando espaço do proletariado, mas os bolcheviques, como todo mundo, agiram com base não na "realidade", e sim na percepção que tinham desta. Toda a razão de ser do partido era construir o "socialismo"; agora, parecia que a continuação da NEP faria com que o Estado se afogasse em um mar de forças pequeno-burguesas ou sucumbisse ao capital internacional. Porém, se a estrutura profunda da ideologia bolchevique – seu cálculo das forças de classe – tornava provável o rompimento com a NEP, isso não significava que a ideologia requeria a "deskulakização" violenta, os aumentos absurdos das metas de planejamento, o terror e os trabalhos forçados que Stalin começou então a impor. A escolha de dar início a uma "ofensiva" total foi exatamente isto: uma escolha feita por Stalin e seus seguidores.

Com a NEP, o significado da revolução mudou profundamente: não se tratava mais, em essência, de igualdade, justiça, poder popular ou internacionalismo, mas sim de o partido-Estado mobilizar os recursos materiais e humanos do país para superar o atraso econômico, social e cultural o mais rápido possível. Como os próprios bolcheviques reconheceram, as opções agora estavam severamente limitadas pelo isolamento internacional e por uma economia e uma estrutura social atrasadas. Deve-se acrescentar também que suas opções eram limitadas pelas instituições e práticas do partido-Estado que agora estavam em vigor, embora eles fossem menos capazes de perceber esse elemento. Nesse contexto, o projeto da autoemancipação proletária deu lugar a um projeto de exploração do poder produtivo do proletariado e do campesinato com o objetivo de tirar o país do atraso. Na medida em que isso aconteceu, a ideologia bolchevique mudou, passando a prevalecer tendências mais elitistas e tecnocráticas, ao menos naquele momento. Foi dentro desse contexto estrutural limitante que o conflito intrapartidário teve lugar.

Lenin legou uma estrutura de poder que se baseava na liderança individualizada, dando às qualidades pessoais do líder uma relevância muito maior do que a dada no caso dos líderes de estados democráticos. A luta para encontrar um sucessor para Lenin e os conflitos ideológicos associados a essa luta eram portanto carregados de importância para o curso futuro da revolução. A morte de Lenin aos 53 anos foi uma contingência fatídica, especialmente porque ele se convencera de que Stalin representava uma ameaça à unidade do partido. Caso não tivesse morrido, provavelmente poderia ter cortado pela raiz as ambições de um homem que muito fizera para promover. Além disso, apesar do afunilamento das opções revolucionárias e do afunilamento do que se permitia discutir dentro do partido, o bolchevismo ainda contava com alguma diversidade ideológica. Lenin havia começado a refletir sobre o que o atraso e o isolamento da Rússia implicavam para o socialismo. Foi a partir dessas reflexões bastante incipientes que Bukharin construiu seu modelo para a NEP, no qual o Estado e os setores privados interagiriam por meio do mercado e no qual a paz civil seria o objetivo supremo do partido. Um cenário muito diferente foi aventado pela esquerda, no qual a industrialização continuaria vigorosamente às custas do campesinato, até que a revolução irrompesse no mundo mais desenvolvido. Em outras palavras, havia escolhas reais a se fazer. Mas não se deve, por fim, perder de vista o fato de que essas opções eram fundamentalmente limitadas pelas dificuldades criadas pelo atraso e pelo isolamento internacional. É possível especular que o socialismo a passo de cágado formulado por Bukharin teria erodido gradualmente o monopólio partidário sobre o poder e permitido que a distância econômica e militar que separava a União Soviética das potências capitalistas se ampliasse. Da mesma maneira, a esperança de Trotski de que a Rússia pudesse ser salva por revoluções no Ocidente se mostrou vã. Em que pesem a instabilidade crítica do capitalismo mundial após 1929 e a ascensão do fascismo, nenhum país ocidental passou pelo colapso sistêmico que constitui uma verdadeira situação revolucionária, isto é, uma situação em que os revolucionários tenham chances reais de tomar o poder. Na ausência da revolução no Ocidente capitalista, é improvável que a esquerda pudesse ter evitado alguma forma de coerção em seu esforço industrializante, já que a capacidade dos camponeses de frustrar os objetivos do regime era considerável e a coerção fazia parte inextricável da estrutura mesma da relação entre Estado e sociedade. O uso da coerção, contudo, não implica o Grande Terror. Foi Stalin quem reconheceu que o Estado totalitário poderia ser usado para esmagar as limitações do atraso por meio de uma "revolução desde cima". Ele não teve escrúpulos quanto ao custo.

Capítulo 5
NEP: SOCIEDADE E CULTURA

Com o início da NEP, a desigualdade social começou a aumentar. A classe continuou sendo uma estrutura frágil, pois suas bases materiais – como a propriedade dos meios de produção, o uso de trabalhadores contratados e o exercício da autoridade administrativa – eram débeis. Ademais, havia muitas oportunidades de subir na vida – deixar o vilarejo, buscar instrução formal, juntar-se ao Komsomol, conseguir emprego numa instituição soviética –, de modo que as relações sociais continuaram fluidas. Em comparação com as sociedades capitalistas, a sociedade soviética não era altamente diferenciada, contudo sua estrutura de diferenciação era mais complexa do que as categorias oficiais deixavam ver. Com exceção da elite emergente da nomenklatura, que, não surpreendentemente, não constava das categorias oficiais, o grupo ocupacional que crescia mais velozmente era o dos trabalhadores do setor de serviços, uma categoria heterogênea, que englobava centenas de milhares de funcionários de escritório e pequenos burocratas nos órgãos do Estado e do partido, funcionários administrativos, gerenciais e técnicos na indústria, além de quadros sem qualificação do setor de serviços. Em 1926, eles constituíam o maior grupo ocupacional em Moscou. Em termos marxistas estritos, compunham uma camada improdutiva que formava parte da pequena burguesia. Tendo que lidar com a proliferação aparentemente espontânea de grupos sociais que não tinham lugar no modelo idealizado do socialismo, os bolcheviques lutaram para controlar o desconcertante mundo social da NEP, impondo a ele as conhecidas categorias de classe.

Os bolcheviques estavam convencidos de que a diferenciação estava aumentando entre os camponeses. A recuperação da população rural havia sido rápida. Em 1926, 82% das 147 milhões de pessoas na União Soviética – um total

5,5% superior ao de 1914 – viviam no interior. O número de famílias dos camponeses estava crescendo rapidamente – de 18,7 milhões em 1914 para cerca de 24 milhões em 1927 –, devido ao desejo dos filhos de sair das casas dos pais. Apesar dessas tendências, as famílias camponesas eram, em sua grande maioria, classificadas como campesinato de classe média, já que trabalhavam principalmente pela subsistência e contavam somente com o trabalho dos próprios familiares. Os bolcheviques, no entanto, estavam convencidos de que a NEP estava aumentando o número de famílias ricas e pobres às custas da camada do meio. Foi assim que interpretaram estatísticas como as que supostamente mostravam que, em 1927, 26% das famílias eram pobres; 57% eram do campesinato de classe média; 14% pertenciam à "classe média alta"; e 3,2% eram kulaks. Essas estatísticas classificavam as famílias de acordo com o valor de seus "meios de produção", mas o grau de diferenciação variava de acordo com os meios de produção examinados. A área cultivada per capita, por exemplo, era distribuída de modo razoavelmente igual; a propriedade de gado, terras alugadas e trabalhadores contratados eram distribuídos menos igualmente; e a posse de máquinas era distribuída muito desigualmente. Além disso, caso se medisse os dados por família, em vez de per capita, o grau de diferenciação tornar-se-ia maior. A verdadeira preocupação dos bolcheviques era com o que eles acreditavam ser a influência crescente dos kulaks. De todas as categorias, nenhuma era tão difícil de definir quanto essa. Anteriormente associados com o empréstimo de dinheiro, os kulaks podiam ser alternativamente definidos como fazendeiros ricos, especialmente se contassem com trabalhadores contratados; como fazendeiros cujas produções se destinavam principalmente ao mercado; como fazendeiros que alugavam seu maquinário pesado ou animais de tração; ou como camponeses cuja riqueza advinha do comércio de itens como as bebidas alcoólicas. É provavelmente razoável concluir que o grau de diferenciação entre os camponeses fosse maior do que admitem muitos dos historiadores ocidentais, mas é improvável que os kulaks estivessem enriquecendo às custas dos camponeses de classe média, no mínimo porque a NEP entrara em funcionamento pleno havia muito pouco tempo.

Se o regime estava alarmado com o suposto crescimento da influência dos kulaks, também muito o preocupava os "homens da NEP", isto é, os comerciantes, manufatureiros e fornecedores que se aproveitavam das novas oportunidades para investir em iniciativas privadas. Provavelmente, o maior grupo entre os 3 milhões classificados nessa categoria era o de envolvidos no artesanato no interior, mas os que praticavam o comércio ou lideravam pequenos negócios nas cidades foram os mais difamados, visto que alguns amealharam fortunas consideráveis. Havia uma interseção surpreendentemente pequena entre eles e a classe mercante pré-revolucionária, exceto quando se levava em conta a seleta elite dos grandes atacadistas. Entre as pessoas comuns, que lutavam para comprar alimentos e roupas para si mesmas, o ódio tradicional pelos "especuladores" encontrou um alvo nos homens da NEP, parte desse ódio assumindo um matiz antissemita. Tal antipatia era reforçada pela caricatura impiedosa dos homens da NEP na imprensa oficial como *nouveaux riches* vulgares, arrivistas ignorantes, trapaceiros e filisteus. Em verdade, muitos homens da NEP realmente ostentavam suas riquezas, consumindo caviar e champanhe, contratando criados, comprando casas, usando ternos, vestidos de seda ou caros casacos de pele. No que dizia respeito ao governo, eles continuavam a existir por mera tolerância, sendo necessários para a revitalização de um mercado devastado; contudo, eram temidos como poluidores do corpo social.

Em um esforço para dominar esse ambiente ameaçador, os bolcheviques dividiram a sociedade em "exploradores/ desprivilegiados" – basicamente, kulaks, homens da NEP, *spetsy* – e "trabalhadores", grupo composto por um proletariado hegemônico, os camponeses pobres e os camponeses de classe média, estes últimos menos confiáveis. Os exploradores eram privados do direito de votar, penalizados em termos de impostos, acesso à educação superior e a habitações e impedidos de serem membros do Komsomol ou do partido. Em 1927-1928, a proporção dos privados do direito ao voto havia subido para 7,7% nas cidades e para 3,5% no interior. A partir de 1928, o serviço militar foi tornado obrigatório para todos os trabalhadores do sexo masculino entre 19 e 40 anos, mas os "não trabalhadores" não eram confiados à defesa da terra natal, recebendo um "tíquete branco" e sendo obrigados, em vez disso, a se alistar na guarda de defesa interna e a pagar um elevado imposto militar. O serviço militar obrigatório desta forma reforçou uma definição de cidadania em termos tanto de classe quanto de gênero. Na prática, os rótulos de classe eram aplicados com bastante arbitrariedade. Os sovietes locais podiam privar do direito ao voto os camponeses de classe média e até mesmo os pobres por contratarem governantas ou trabalhadores na época da colheita, afirmando que isso fazia deles exploradores. Membros de seitas religiosas ou conselhos paroquiais podiam ser atribuídos às fileiras dos kulaks.

16. Protesto anticapitalista, década de 1920.

Na medida em que a estrutura social era constituída em parte pelos mecanismos políticos, a taxonomia bolchevique apresentava uma semelhança marcante com o sistema czarista de camadas sociais, direitos e deveres sendo atribuídos a grupos com base no lugar que ocupavam na ordem político-jurídica. Dado que a categorização implicava consequências concretas para as oportunidades na vida – depois de 1928, os privados do direito de votar não tinham direito às rações e tinham mais chances de serem expulsos das habitações estatais –, tal categorização realmente definia as identidades sociais. Os muitos que protestavam contra a privação de direitos invariavelmente argumentavam que eles eram trabalhadores e que qualquer recaída em "atividades não trabalhadoras" – isto é, comércio – havia sido motivada pela pressão das circunstâncias. "Eu me dediquei ao comércio não para obter lucros, mas para sustentar minha família." Seus protestos, ademais, corroboravam o fato de que o regime desfrutava de certa legitimidade, já que, mesmo aqueles que se sentiam tratados injustamente, pareciam acreditar que a privação de direitos era um meio legítimo para extrair do sistema de distribuição aqueles que haviam enriquecido às custas do povo. A ideologia bolchevique, portanto, era muito mais do que uma ilusão imposta, apesar das muitas contradições entre ela e a experiência de vida dos cidadãos comuns.

> Durante toda a minha vida, desde os oito anos de idade, quando fiquei totalmente órfã, tenho lutado para conseguir uma lasquinha de pão, fazendo o trabalho duro de empregada doméstica. Completamente sozinha, analfabeta, desde a mais tenra infância, tenho me arrastado por uma lamentável existência como trabalhadora. Em 1917, vim como refugiada da Lituânia. É claro, eu passei pelo que somente aqueles sem um único copeque no bolso têm de passar. Com grandes dificuldades, consegui um trabalho como criada e lá fiquei até 1919. Então, me juntei à equipe técnica de um jardim de infância judeu. Perdi meu emprego quando o lugar fechou. Não

> conhecendo quase ninguém em Moscou, estando completamente sozinha e ainda sem ter aprendido russo, eu era completamente incapaz de encontrar emprego fixo. A agência de empregos encontrou trabalhos temporários para mim diversas vezes. Trabalhei como operária sem contrato, paga por dia de serviço, mas para complementar minha renda vendi sementes de girassol e outras coisas por algum tempo. Quando comecei a ganhar melhor como operária, deixei de lado esse comércio. Minha saúde está hoje tão prejudicada que mal posso fazer um mínimo esforço no trabalho, e agora, de repente, sou colocada no mesmo nível da burguesia, de exploradores que não têm qualquer entendimento de uma vida de proletária tão negra quanto a minha.
>
> Mulher protestando contra
> sua perda do direito de votar

Formulando um Estado de bem-estar social

Além de categorizar a população, o Estado soviético procurou remodelá-la por meio da educação, assistência médica, habitação, planejamento urbano e trabalho social. Seu compromisso com a melhoria do bem-estar do povo pode ser visto como uma variante autoritária dos estados de bem-estar social que estavam surgindo na Europa nessa época. No quesito da assistência médica, o histórico bolchevique era particularmente impressionante, embora fosse maculado pela desigualdade. A guerra e a revolução haviam levado a uma deterioração drástica dos indicadores de saúde, evidenciada pelo fato de que a altura média dos homens conscritos caiu de 1 metro e 69 em 1908 para 1 metro e 66 em 1924. Na primeira década do poder bolchevique, as instituições, serviços e funcionários da saúde pública melhoraram, assim como seu gerenciamento. Talvez o indicador mais impressionante desse fato tenha sido a queda acentuada na taxa de mortalidade. No geral, contudo, a quantidade e qualidade dos serviços de saúde continuaram baixas, e os camponeses ainda estavam em ampla desvantagem em termos de acesso. A proporção de médicos para habitantes cresceu significativamente, mas em 1926 ainda havia somente um médico para cada 18.900 habitantes da população rural. Um elemento central da política do comissariado de saúde era um programa de medicina preventiva – introduziu-se a vacinação obrigatória contra a varíola – e de educação para a saúde. A propaganda do "esclarecimento sanitário" foi rapidamente desenvolvida para combater as doenças e a ignorância do povo; campanhas como a do Exército Vermelho para "ajudar o país com uma escova de dentes" foram criadas para transmitir a mensagem de que tornar a própria vida mais saudável era um sinal de "consciência". Outra dimensão do impulso de aprimorar o poder produtivo e reprodutivo da sociedade socialista estava no incentivo oficial ao esporte, algo que não tivera equivalente no *ancien régime*. Os sindicatos e o Komsomol incentivaram os esportes de equipe, embora alguns os vissem como "burgueses" – eram competitivos –, defendendo, no lugar deles, um programa abrangente de boa forma para as massas. Após a intervenção do partido em 1925, a ênfase foi direcionada ao esporte como um meio de promover saúde e boa forma, uma vida higiênica, racionalidade, identificação grupal e treinamento militar.

Os bolcheviques prometeram educação primária e secundária gratuita dentro de um sistema escolar misto (sem separação por sexo) e abrangente. Baseando-se em teorias educacionais progressistas influentes nos últimos anos da Rússia imperial, Lunatcharski, comissário da Instrução, e Krupskaia, esposa de Lenin, promoveram o politecnicismo – a ideia de uma educação abrangente sem especialização vocacional – e a "escola de trabalho unificada", onde os pupilos tomavam parte num treinamento vocacional para se familiarizarem com o mundo do trabalho. Os exames de admissão, as notas, os deveres de casa e as punições foram abolidos. As relações entre o governo e os professores tiveram um mau começo, quando os professores entraram em greve, e durante toda a guerra civil a maioria dos professores continuou a ser hostil aos princípios da educação progressista e centrada nas crianças. Passos importantes foram dados na ampliação da educação: em 1926-1927, oito de cada dez crianças entre oito e onze anos estavam na escola, em comparação aos 49% em 1915. Por outro lado, o gasto por aluno continuou bem inferior ao nível pré-guerra. Em 1926, os professores ainda ganhavam menos da metade da renda de 1913. Num contexto em que os níveis de sucesso educacional ainda eram muito baixos, o Komsomol e os sindicatos pressionavam por uma maior especialização e por mais educação vocacional. O comissariado de educação resistiu a essas propostas até 1926, quando fez algum esforço para restaurar um currículo mais tradicional. Isso não bastou para abrandar os críticos, porém, e em 1929 Lunatcharski foi demitido.

Em 1918, uma "repartição revolucionária das habitações" foi proclamada sob o lema "paz aos barracos, guerra aos palácios". Os trabalhadores foram retirados de suas "choupanas" e "becos" e colocados nos apartamentos dos ricos. Os chamados apartamentos grã-finos *barskie*, com seus quartos interconectados, tetos altos, fogões imensos, cozinhas e banheiros, no geral se mostraram impróprios para o que mais tarde veio a ser conhecido como *kommunalki*, ou apartamentos comunais nos quais cada família tinha um quarto para si, mas compartilhava, com outras, cozinha, banheiro e corredor. Isso causava muitas desavenças entre os habitantes. Como Woland diz no romance de M.A. Bulgakov, *Mestre e Margarida*: "Pessoas são pessoas. É só a questão da habitação que as estraga". Com a NEP, a "repartição das casas" foi suspensa, e a maior parte das propriedades devolvida a seus antigos donos. Em 1922, os aluguéis foram reintroduzidos, mas consumiam uma proporção pequena do orçamento das famílias da classe trabalhadora (menos de 9% em 1928-1929). Desde a metade dos anos 20, o recomeço da migração para as cidades impôs intensa pressão sobre o número de habitações disponíveis. Em 1926, a alocação oficial do espaço habitacional por adulto era de apenas 4,9 metros quadrados para os operários, 6,9 para os funcionários e 6,1 para os outros. Qualquer um que dispusesse de mais do que isso costumava receber um pedido de "autocompreensão" (*samouplotnit'sia*), isto é, abrir espaço para outras pessoas. Com o início do Primeiro Plano Quinquenal, o regime voltou a uma política de alocar habitações de acordo com as divisões de classe.

17. Passeata infantil.

Com a NEP, o projeto de distribuição estatal de bens e serviços foi abandonado. A afluência de suprimentos que disso resultou foi amplamente bem recebida, mas o fato de que muitos bens estavam além do poder monetário das pessoas comuns provocou muito ressentimento. A partir de 1926, as restrições à "especulação" foram endurecidas, mas a incapacidade do Estado de substituir o comércio privado levou ao surgimento da fila como uma característica típica da vida soviética. Os produtos estavam sempre em escassez – *defitsitnyi*, ou seja, "em déficit", foi uma das muitas novas palavras que entraram no léxico soviético –, mas os membros da nomenklatura tinham acesso a lojas especiais. Os cidadãos ficaram versados nas artes de conseguir acesso pela porta dos fundos a produtos e serviços em falta, cultivando grandes redes de "relações". Segundo um jingle rimado de V.V. Maiakovski, o cidadão estava bem arranjado se tivesse "uma noiva fiel, um padrinho na GUM e um irmão no comissariado" (*nevesta v treste, kum v GUM, brat v narkomat*), sendo GUM a principal loja de departamentos de Moscou.

Relações de família e gênero

Os bolcheviques chegaram ao poder com um programa radical para a libertação das mulheres e a transformação da família. Seu zelo reformador foi evidenciado pelo abrangente Código do Casamento, da Família e da Tutela, ratificado em outubro de 1918, que igualava o status jurídico das mulheres ao dos homens, permitia a ambos os cônjuges o direito às suas próprias propriedades e renda, garantia aos filhos nascidos fora do casamento os mesmos direitos dos nascidos no casamento e possibilitava o divórcio a pedido. Na teoria bolchevique, o essencial para a libertação das mulheres era tirá-las dos limites estreitos da família e trazê-las para a esfera do trabalho assalariado. Lá elas obteriam independência econômica e desenvolveriam consciência de classe. Para que isso acontecesse, contudo, reconhecia-se que o Estado teria de assumir o cuidado das crianças e o trabalho do lar, descrito por Lenin como "o trabalho mais improdutivo, mais selvagem e árduo que uma mulher pode fazer". Durante os primeiros anos, as mulheres foram intimadas a deixar de lado suas responsabilidades para com maridos e filhos e a se tornar lutadoras em nome da humanidade oprimida. Efrosiniia Marakulina, uma camponesa que se tornou instrutora na província de Viatka, era uma "nova mulher" arquetípica: "Ela esqueceu a família, os filhos, a casa. Com entusiasmo, se lançou ao novo trabalho de esclarecer suas irmãs oprimidas e bitoladas". Não surpreende que poucas viraram "novas mulheres". O caos da guerra civil obrigou a maioria das mulheres a batalhar pela sobrevivência, o que evidenciou sua falta de interesse pelo drama revolucionário e reforçou a imagem estereotipada da mulher como *baba* – "bitolada", "atrasada" e dominada por marido e padre.

Foi para combater tal "atraso" que um Bureau das Mulheres foi criado em 1919 por Inessa Armand e Alexandra Kollontai. Elas insistiam que as trabalhadoras deviam ser mobilizadas em torno de projetos de relevância direta para elas, como aulas de alfabetização, creches, refeitórios e cooperativas de consumidores. Na década de 20, o Bureau, que sempre contou com pouco financiamento, empreendeu uma série de campanhas contra a discriminação salarial e de contratação, o assédio sexual, a demissão de mulheres, o alcoolismo e a agressão a esposas. O feminismo assertivo que, às vezes, as encorajou preocupou muitos homens da liderança partidária. Em 1º de março de 1927, por exemplo, uma conferência de trabalhadoras em Irkutsk aprovou uma resolução declarando que "é necessário lutar pela libertação das mulheres e lutar contra os homens". Em 1927, o Bureau lançou uma campanha agressiva na Ásia Central contra o véu, o preço da noiva, a poligamia e a segregação das mulheres. Cerca de oitocentas mulheres foram assassinadas por grupos de homens revoltados, protestando que os bolcheviques estavam "transformando as mulheres em prostitutas". Era a desculpa que algumas lideranças vinham procurando. O Bureau foi acusado de "trabalho porco" e depois dissolvido em 1930.

Os bolcheviques desafiaram o conceito patriarcal de que os homens tinham um direito divino de dominar as mulheres, o que Lenin chamou de "erradicar o 'velho direito senhorial dos homens'", mas, em geral, demonstravam um interesse muito menor em desafiar os papéis de gênero masculinos do que os femininos. A revolução reconfigurou, mais do que destronou, a norma masculina dominante, substituindo o modelo patriarcal de masculinidade por um modelo fraternal no qual os homens jovens eram definidos pela camaradagem e pela dedicação à luta. No roteiro revolucionário, a produção tinha prioridade em relação à reprodução, então era pouco o espaço que sobrava para mulheres cujas identidades eram em grande parte definidas pela família e pela maternidade. Nas representações imagéticas da revolução, ademais, as mulheres estavam em grande parte ausentes. Trabalhadores, camponeses e soldados do Exército Vermelho – figuras totêmicas – eram em geral homens, o que reforçava secretamente a suposição de que a revolução era assunto de homens. No decorrer da década de 20, as normas patriarcais rapidamente obtiveram supremacia no partido-Estado, de modo que o gênero foi uma das primeiras áreas nas quais um "retorno dos elementos reprimidos" ficou visível.

Muitos bolcheviques acreditavam que a família, sendo uma instituição baseada na propriedade privada, seria abolida numa sociedade comunista, com o Estado assumindo a responsabilidade de cuidar das crianças e do trabalho doméstico. Na verdade, sob os golpes da guerra, das fugas, da fome e da doença, a família começou a se abolir, na medida em que cônjuges se separavam, crianças eram abandonadas e relacionamentos casuais ficavam mais comuns. Como resultado disso, a posição econômica de muitas mulheres, obrigadas a sustentar famílias sem a ajuda do trabalho dos homens, decaiu. Para as mulheres pobres e vulneráveis, a estabilidade possibilitada pela família veio a parecer realmente desejável. Esse foi um dos fatores por trás do aumento do número de casamentos na década de 20: em 1926, o índice era mais de um terço maior do que em 1913. Com a NEP, os cortes dos subsídios estatais levaram ao fechamento dos refeitórios públicos, creches e lavanderias comunais que haviam sido característicos do Comunismo de Guerra, deixando as mulheres mais uma vez responsáveis por cuidar das crianças, cozinhar, limpar e costurar. Essas tendências, em conjunto com o aumento do desemprego feminino, influenciaram as reações ao debate público sobre o novo Código de Família de 1926. Esse código simplificou os procedimentos do divórcio, mas introduziu regras mais austeras de pensão, fazendo dos homens, em vez do Estado, os responsáveis pelo sustento das crianças. Isso sinalizou um desvio ideológico em direção à perspectiva de que a família teria de servir como a instituição básica do bem-estar social por muito tempo. Isso se harmonizava com um sentimento crescente de que os problemas cada vez mais graves de bastardia, crianças abandonadas, vandalismo e crimes juvenis tinham relação com o desmoronamento da família.

Se os anos 20 viram o fortalecimento de uma atitude mais conservadora em relação à família e ao casamento, disso não se deve inferir que a revolução tenha tido pouco impacto nesse campo. Em menos de uma década, a Rússia europeia passara a ter o maior índice de divórcios do mundo, estes sendo comuns até mesmo em comunidades rurais. De forma semelhante, mesmo diante de uma explosão na taxa de natalidade desde seu nadir em 1922, a tendência de longo prazo era um declínio da taxa de natalidade, especialmente nas cidades, na medida em que os níveis de educação e emprego para as mulheres cresciam e os casamentos passavam a acontecer mais tarde. Em 1920, a Rússia se tornou o primeiro país a legalizar o aborto, uma medida motivada pela consideração de que, nas condições de então, a sociedade não podia dar às crianças o cuidado necessário, mais do que por um reconhecimento do direito de escolher. Ao fim da década de 20, o número de abortos nas cidades ultrapassou o número de nascimentos. Passou a ser normal que a mulher que optava por abortar fosse casada e mãe de pelo menos um filho.

No turbilhão da guerra civil, os tabus sexuais foram varridos do mapa. Alguns no partido viam a "revolução sexual" como essencial à revolução social mais ampla. Kollontai, primeira comissária do Bem-Estar Social, exigiu "liberdade para Eros alada", querendo dizer que as mulheres deviam ter direito à autonomia e à realização nas relações pessoais. Contudo, Kollontai era vista por muitos como uma defensora da promiscuidade sexual. A corrente majoritária do partido encarava com desconfiança tais ideias, especialmente Lenin, que deplorava a "hipertrofia em assuntos sexuais". Desde o início dos anos 20, se tornaram comuns as exortações à sublimação da energia sexual em prol de uma atividade construtiva. O "psiconeurologista" A.B. Zalkind asseverava que o "proletariado, no estágio da acumulação socialista, é uma classe parcimoniosa e avarenta, e não é de seu interesse permitir que a energia criativa se infiltre em canais sexuais". Tais ideias, influenciadas pelo interesse contemporâneo pela eugenia, colocavam a sexualidade no centro de uma estratégia de engenharia social, formulada para aprimorar as capacidades reprodutivas e produtivas da nova sociedade. No final dos anos 20, houve um acentuado afastamento das atitudes permissivas: em 1929, prostitutas "inveteradas", outrora vistas como vítimas sociais, estavam sendo mandadas para campos de trabalhos forçados, por deliberadamente se recusarem a cumprir seu papel na produção. Essa ênfase crescente no perigo da anarquia social refletia o medo bolchevique de que seu bem organizado projeto fosse engolido pelas energias libidinais do corpo e pelas forças elementares da natureza.

Jovens: uma vanguarda indecisa

Em 1926, as pessoas com menos de vinte anos perfaziam pouco mais de metade da população rural. Os bolcheviques encaravam as crianças como portadoras do futuro socialista e concentraram seus escassos recursos no bem-estar e educação delas. A ideia da infância como um período de inocência arraigara-se no final do período imperial, e os bolcheviques se aproveitaram do otimismo implícito nessa idealização. A queda drástica da mortalidade infantil – o flagelo da Rússia do *ancien régime* – e o declínio no tamanho das famílias contribuíram para intensificar o investimento emocional dos pais em seus filhos. O Bureau das Mulheres fez campanhas pela melhoria da assistência às crianças e contra práticas como o castigo físico. Regras mais estritas para o trabalho infantil, combinadas com o prolongamento do período escolar, atrasaram a entrada na idade adulta. Os bolcheviques acreditavam que as crianças pertenciam, antes de tudo, à sociedade, mas não havia consenso sobre onde se devia traçar um limite entre as responsabilidades dos pais e do Estado. Nem todos compartilhavam da opinião de A. Goikhbarg de que o Estado "geraria resultados vastamente superiores aos da abordagem privada, individual, não científica e irracional de pais individualmente 'amorosos', mas ignorantes. Já que o Estado não possuía recursos para assumir a criação das crianças, os pais continuaram a arcar com a maior parte das responsabilidades, mas o direito de fazê-lo dependia de realizarem seus deveres de acordo com os valores da revolução. "Se os pais persistem em transformar os filhos em pequenos senhores ou místicos bitolados, então... as crianças têm o direito ético de abandoná-los."

Um dos problemas mais terríveis para os bolcheviques era lidar com o espantoso número de crianças órfãs e abandonadas que sobreviviam mendigando, vendendo badulaques ou roubando nas ruas das cidades e nas estações ferroviárias. O problema tivera início antes da Primeira Guerra, mas se agravara imensamente depois de 1914. Em 1922, pelo menos 7 milhões de crianças, mais de três quartos delas meninos, haviam sido abandonadas. Elas formavam uma subcultura distinta, com suas gangues, hierarquias, territórios, códigos, rituais e gírias. Foram uma das principais causas do grande aumento dos crimes cometidos por menores. As autoridades encaravam com compaixão os jovens criminosos, como vítimas sociais – os julgamentos e sentenças de encarceramento para menores de dezessete anos foram abolidos em janeiro de 1918. Esforços heroicos foram feitos para instalar crianças abandonadas em lares e colônias, algumas das quais eram governadas como comunas de trabalho experimentais, baseadas no "autogoverno" e, ao final dos anos 20, o número de crianças de rua havia caído para cerca de duzentas mil. Nesse estágio, o fato de o crime juvenil não desaparecer estava fazendo com que as autoridades assumissem uma posição muito menos indulgente, com juristas eminentes criticando "a ideia fétida de que as crianças não devem ser punidas".

Em 1925, o Komsomol contava 1,5 milhão de membros, que representavam meros 6% de jovens qualificados. Sendo uma organização exclusivamente urbana durante a guerra civil, lutou para construir uma base rural e, em 1926, 60% de seus membros eram camponeses. No interior, o Komsomol era muito associado com o conflito entre gerações; os rapazes e (em menor quantidade) as moças afirmavam a própria identidade em oposição aos pais, no que dizia respeito a assuntos como o comparecimento à igreja. Os pais lamentavam a conduta dos filhos: "Kol'ka colocou uma foto de Lenin onde antes estava o ícone e agora frequenta marchas de protesto, carregando cartazes e cantando canções difamatórias". Há evidências, contudo, de que, nas cidades, muitos membros do Komsomol reprovavam o etos da NEP. Durante a guerra civil, seus membros haviam simbolizado o heroísmo, o sacrifício e a combatividade, que eram características da época. Agora, as qualidades necessárias eram "inteligência, disciplina, qualificação e auto-organização", e alguns jovens parecem ter achado difícil se dedicar seriamente às tarefas prosaicas da construção econômica e cultural. O tom geral do Komsomol era, em grande parte, determinado por homens jovens, já que seus níveis maiores de instrução, serviço no exército, experiência em trabalhos sazonais e relativa liberdade das obrigações familiares lhes davam uma perspectiva mais ampla do mundo do que era possível à maioria das mulheres jovens. A proporção de mulheres no Komsomol, não obstante, cresceu para cerca de um quinto até a metade dos anos 20 – proporção maior que a existente no partido –, mas muitas jovens sentiam-se alienadas pela interminável rotina de reuniões, discursos, educação política e protestos, sendo a rotatividade alta.

Durante a NEP, os jovens enfrentaram muitas dificuldades, incluindo desemprego, falta de moradia e pagamento das taxas cobradas por instituições de ensino. A retórica oficial punha a juventude no papel da vanguarda revolucionária, mas havia muita ansiedade quanto à evidente perda de fervor dos jovens. Em 1923, o jornal estudantil da Universidade de Petrogrado afirmou que somente 10% dos estudantes apoiavam ativamente a revolução, 60% não eram do partido, 15% a 20% eram "claramente antissoviéticos" e 10% eram totalmente apáticos. O aumento percebido do "vandalismo" parecia sinalizar uma profunda indisposição social. As jovens com batom vermelho, cabelo curto e salto alto e os jovens com jaquetões e calças estilo Oxford alimentavam temores de que a decadência burguesa estivesse em alta. A "epidemia" de suicídios que se seguiu ao suicídio do poeta S. Esenin em dezembro de 1925 indicou que muitos jovens haviam caído na armadilha do individualismo mórbido. Por fim, e paradoxalmente, os jovens que se voltaram para seitas religiosas, como batistas, adventistas e evangélicos, sentindo-se atraídos pelas mensagens de castidade, temperança, contenção e trabalho duro, muitas vezes pareciam exibir uma orientação mais séria no mundo – por mais pecados que nele vissem – do que muitos no Komsomol. Os caprichos da juventude, em outras palavras, pareciam fortalecer a associação da NEP com os alienígenas de classe, com a restauração burguesa e com a degeneração moral.

Revolução cultural

Como filhos do Iluminismo, os bolcheviques acreditavam que a disseminação do conhecimento e da racionalidade libertaria as pessoas das superstições e aumentaria sua liberdade e autonomia. Seguindo seus antecessores da intelligentsia, eles procuravam aumentar o nível de "cultura" de uma sociedade vista como saturada de atraso "asiático". Cultura, para os bolcheviques, poderia significar qualquer coisa, desde pontualidade e unhas limpas até a posse de um conhecimento básico de biologia e a realização eficiente dos deveres sindicais. As conotações heterogêneas de sua antítese, "falta de cultura", foram primorosamente expressas por um aviso pregado no cais de Samara: "Não jogue lixo no chão, não acenda fósforos perto das bombas de petróleo, não cuspa sementes de girassol e não fale palavrões ou obscenidades". Em 1921, após a vitória nas frentes militar e política, a "cultura" foi declarada uma "terceira frente" de atividade revolucionária. Em seus últimos escritos, Lenin invocou o conceito de "revolução cultural" como essencial à transição para o socialismo, embora sua interpretação do que essa revolução implicava fosse bem humilde, concentrando-se na propagação da alfabetização e dos bons hábitos de trabalho e na aplicação da ciência e da tecnologia ao desenvolvimento social.

Os bolcheviques dedicaram muita energia e imaginação ao esforço de aumentar a alfabetização, cientes de que a participação ativa na sociedade socialista dependia da capacidade de ler. O perigo do analfabetismo foi ilustrado em um pôster de ampla circulação que retratava um camponês vendado, calçando sapatos de casca de bétula, aproximando-se da beira de um abismo com as mãos estendidas. Durante a guerra civil, grandes esforços foram concentrados nos soldados do Exército Vermelho, mas, com a NEP, a verba para a operação de "liquidação do analfabetismo" foi drasticamente reduzida. Mesmo assim, na época do censo de 1926, 51% da população era alfabetizada, ao passo que, em 1897, a proporção era de 23%. Um resultado impressionante, que, não obstante, ocultava disparidades alarmantes. Dois terços dos homens da União Soviética sabiam ler, mas o número entre as mulheres era de apenas 37%. No Turcomenistão, 97% da população era analfabeta. Obviamente, o nível educacional daqueles que passavam por programas intensivos de alfabetização não era alto. Quando foi pedido a 64 soldados, em 1923, que lessem um artigo do *Pravda* sobre o assassinato de um embaixador soviético, nenhum deles foi capaz de explicar o título: "A Impertinência dos Assassinos". Contudo, o aprendizado da leitura gerou uma sede comovente pelo conhecimento. "Me mande uma lista de livros publicados sobre cometas, estrelas, água, a terra e o céu." E, como bem sabiam os bolcheviques, aprender a ler também estimulava um desejo de aprender a linguagem do novo regime, um desejo de "falar bolcheviquês". Os esforços dos camponeses para dominar as categorias que definiam a nova sociedade eram muitas vezes cômicos.

> Nós, jovens, despertando de uma hibernação e apatia eternas, formando influência em nosso sangue, refletindo com brilho os bons avanços e iniciativas, passo a passo, ainda que lentamente, (estamos) deixando para trás os velhos e putrefatos retrocessos.

As estranhas palavras e expressões da linguagem bolchevique possuíam um poder quase mágico.

Outros bolcheviques entretinham uma concepção da revolução cultural mais pomposa que a de Lenin. Bukharin afirmou que a revolução cultural significava nada menos do que uma "revolução das características humanas, dos hábitos, emoções e desejos, de estilo de vida e cultura". De acordo com essa perspectiva, o objetivo era nada menos do que criar uma "nova pessoa soviética" por meio da transformação total da vida cotidiana. Na metade da década de 20 ocorreram debates acalorados sobre a transformação da vida cotidiana, que se concentraram na polêmica questão da relação entre as esferas individual e política.

Numa época em que as forças do mercado estavam em ascensão, em que as políticas oficiais pareciam beneficiar os "inimigos de classe", o progresso em direção ao socialismo parecia depender especialmente do comportamento dos indivíduos. Como disse Krupskaia ao congresso do Komsomol em 1924: "Antes, talvez não estivesse claro para nós que a separação entre a vida privada e a vida pública cedo ou tarde leva à traição do comunismo". Nesse contexto, aspectos variados da vida comum, como as roupas, a higiene, a moralidade pessoal, o lazer e o uso correto da língua russa ganharam relevância política. Seria aceitável que uma comunista usasse maquiagem ou roupas da moda? A resposta era, claramente, "não", já que tais coisas denotavam um interesse individualista pela boa aparência. Contudo, os bolcheviques jamais extirparam por completo os valores "burgueses". Esperava-se que o cidadão soviético instruído fosse pontual, eficiente, ordeiro e bem-arrumado; contudo, um interesse demasiado intenso por boas maneiras, belas roupas ou penteados poderia gerar a acusação de ser pequeno-burguês ou "filisteu".

A maior resistência provocada pelo projeto da revolução cultural relacionou-se aos grandes ritos de passagem – nascimento, casamento e morte. Há séculos tais ocasiões vinham sendo marcadas por rituais religiosos de profunda ressonância existencial e cultural. Os bolcheviques suaram para encontrar substitutos seculares. A consagração de crianças recém-nascidas, conhecida como outubração, parece ter sido o substituto de maior sucesso, embora somente entre uma pequena minoria. Uma reunião do sindicato dos torneadores de madeira de Kremenchug organizou um "batismo vermelho" em janeiro de 1924 de uma menina chamada "Ninel" ("Lenin" ao contrário) em uma cerimônia que começou com uma exaltação da "consciência" e da "razão" contra os "absurdos rituais religiosos que obscurecem e oprimem a classe trabalhadora". Mesmo entre os comunistas e os membros do Komsomol, todavia, tais rituais não eram populares, e muitos foram expulsos por batizar os filhos ou casar na igreja. Particularmente, a tentativa de incentivar a cremação como o procedimento pós-morte mais racional e econômico deparou-se com uma resistência quase universal. Ainda na década de 50, pouco menos do que a metade dos funerais eram seculares. As pessoas sentiam falta do mistério, da alegria e exuberância dos rituais tradicionais e consideravam seus substitutos artificiais pobres em drama interior e em sentimento de transcendência.

Sendo uma tentativa ambiciosa de engenharia social, a "revolução cultural" tinha certo elemento de coerção, mas é preciso temer generalizações superficiais sobre a natureza "totalitária" do projeto, visto que isso negligenciaria o fato de que milhões de jovens queriam apaixonadamente se transformar. Estando o estilo de vida tradicional tão obviamente obsoleto, muitos jovens camponeses ansiavam por serem "civilizados": "Fui ao cinema vestido civilizadamente. Eu realmente queria visitar o Parque de Cultura e Lazer, mas não tinha dinheiro para isso". Em 1928, mais de 12% das cartas mandadas ao *Jornal Camponês* tratavam do "atraso" da vida camponesa. Começavam tipicamente com "Sou um camponês ignorante"; "Escrevo de um lugar para lá de onde Judas perdeu as botas"; "Deitado em um forno preto, estou pensando". Tais camponeses eram tomados pelo desejo de "adquirir crescimento político e compreender o mundo", "ter literatura e liderança", para que não se tornassem descartáveis diante das necessidades da nova ordem. E mesmo os milhões que não se afeiçoaram ao projeto soviético ainda assim internalizaram suas categorias de "culto" e "atrasado", "revolucionário" e "reacionário".

O ataque à religião

No início dos anos 20, houve, em termos gerais, um relaxamento das políticas do regime, mas de 1922 até a morte do patriarca Tikhon, em 1925, o governo lançou um ataque prolongado à Igreja Ortodoxa. Em fevereiro de 1922, os bolcheviques ordenaram que a Igreja entregasse seus bens para a ajuda às vítimas da fome. Essa ordem provocou um intenso conflito em Shuia, do qual quatro saíram mortos e dez feridos. Privadamente, Lenin abriu mão de fingir que o confisco tinha por objetivo ajudar vítimas da fome – "garantiremos para nós um fundo de muitas centenas de milhões de rublos" – e ordenou que os "insurretos" de Shuia fossem a julgamento. Oito padres, dois homens e uma mulher foram devidamente executados e 25 foram presos. Em Petrogrado, onde a agitação popular contra os confiscos caracterizava-se por uma natureza antissemita, o metropolita Veniamin e três outros foram julgados e executados. Já se afirmou que houve 1.414 conflitos com fiéis em 1922-1923, nos quais mais de 7 mil padres, monges e freiras desapareceram, a maioria evidentemente assassinada.

Em maio de 1922, a Igreja Ortodoxa sucumbiu a um cisma destrutivo. Um grupo de padres radicais, conhecidos como Renovacionistas, saiu em defesa do poder soviético e forçou a abdicação do "contrarrevolucionário" Tikhon. Convocaram um concílio da igreja em 1923, que aprovou uma série de reformas há muito discutidas e que incluíam a substituição do eslavônico eclesiástico pelo vernáculo russo, a adoção do calendário gregoriano e uma maior participação dos leigos nos serviços religiosos e na administração diocesana. Em 1925, dois terços das paróquias haviam se filiado formalmente aos Renovacionistas. Contudo, essas reformas "racionalizantes" não foram bem recebidas pelos religiosos leigos, cuja fé era intimamente ligada à observância de dias de festa e ao culto de santos e relicários locais. Ademais, os leigos estavam em posição de impedir a implementação das reformas, visto que a revolução havia fortalecido o controle deles sobre os assuntos paroquiais; e os clérigos, que eram os principais defensores das reformas, contavam com os fiéis para a obtenção de apoio financeiro. Em junho de 1923, os bolcheviques suspenderam o apoio aos Renovacionistas depois que Tikhon expressou lealdade ao regime. Muitos fiéis questionaram seu ato de acomodação, mas ainda assim gostaram de ver Tikhon dedicar-se à destruição dos Renovacionistas. No curto prazo, isso somente contribuiu para aprofundar o cisma, mas no final dos anos 20 os Renovacionistas haviam sido derrotados. Quando seu sucessor, o metropolita Sergei, jurou lealdade aos soviéticos em maio de 1927, ficou claro que a igreja era uma organização com a qual o regime seria obrigado a conviver.

A política adotada em relação aos sectários e aos velhos crentes – os que romperam com a Igreja Ortodoxa na segunda metade do século XVII, após as reformas litúrgicas introduzidas pelo patriarca Nikon (1605-1681) – era mais conciliadora, já que o regime os considerava politicamente mais progressistas, em vista da perseguição que haviam sofrido sob o czarismo, da ênfase que punham no trabalho pesado, na sobriedade e em rígidos padrões morais e da abertura deles à ideia de formar comunas agrícolas. Velhos crentes e sectários foram portanto autorizados a publicar periódicos e organizar conferências, instituições de caridade e cooperativas. Mas, já no início dos anos 20, a OGPU os mantinha sob estreita vigilância, adotando uma tática de dividir para governar. Depois de 1926, a política em relação à Igreja Ortodoxa foi um pouco suavizada, a política em relação às seitas – assim como em relação ao Islã e ao judaísmo – endureceu. Somente em 1929, porém, com o início da "revolução desde cima" de Stalin, o regime deu início a um ataque de grande escala a todas as formas de religião organizada.

Apesar de seu confronto com a Ortodoxia, o governo via a batalha contra a religião como uma questão de educação e propaganda a longo prazo. Em 1922, Emelian Iaroslavski fundou um semanário para difundir o ateísmo entre as massas – o jornal, aliás, adotava 1917 como o ano zero. Em 1925, fundou a Liga dos Ateus Militantes para se opor aos radicais antirreligiosos no Komsomol, conhecidos como "comedores de padres", que se deleitavam em ofender os crentes praticando bizarrices como queimar ícones e soltar porcos nas igrejas. Por sua vez, a Liga apoiava o debate público com fiéis sobre assuntos como a criação do mundo em seis dias. Os clérigos atacaram os ateus, chamando-os de "corruptores e libertinos", e os aldeões, que agora pagavam pela manutenção das escolas, fizeram com que a propaganda ateísta fosse mantida longe das salas de aula. Em 1930, a Liga alegou ter mais de 2 milhões de membros; mas seu histórico de realizações era pouco impressionante. A observância religiosa estava em declínio, especialmente nas cidades, mas isso tinha mais a ver com a urbanização, o serviço militar, a cultura do rádio e dos jornais e os avanços tecnológicos do que com a propaganda ateísta propriamente dita. De certa maneira, a história da religião no tempo da NEP foi menos definida pelo conflito entre Igreja e Estado do que pelo conflito entre uma cultura modernizadora, apoiada pelos recursos do Estado, e as comunidades locais cujas identidades eram intimamente ligadas à religião.

> Nós, residentes do assentamento de Il'ich, trabalhadores da Foice e Martelo, das fábricas ferroviárias Kursk, da Elétrica Russa e de outras fábricas das proximidades, nos dirigimos ao Soviete com um pedido de natureza prática. Nosso assentamento está situado em terras anteriormente pertencentes ao monastério de Vsekhsviatskii, que passou para nossas mãos como um dos ganhos da Revolução de Outubro. Mas esse ganho não foi realizado plenamente. Tendo transformado esse covil de parasitas em um assentamento de trabalhadores, queremos, além disso, erguer, no local da igreja, aquela fortaleza do reacionarismo, uma comunidade modelo de trabalhadores, uma fortaleza do novo estilo de vida, com habitações confortáveis, instalações para o lazer e recreações racionais. Mas as coisas ficam difíceis com a lentidão de certos órgãos soviéticos e a falta de financiamento. Requeremos portanto ao Soviete de Moscou que lance uma instrução que permita a venda rápida de propriedades da igreja.
>
> Declaração de 153 trabalhadores do assentamento de Il'ich ao Soviete de Moscou, março de 1924

Apesar de seu ateísmo militante, a facção de Stalin não tinha escrúpulos de reforçar a própria legitimidade santificando o morto Lenin, inserindo elementos da religiosidade popular na cultura política oficial. Quando vivo, Lenin fora adulado, mas nunca foi transformado em objeto de adoração.

Sua morte, contudo, excitou a inquietação popular, que se expressava em rumores de invasão estrangeira, de colapso econômico e de um racha no partido. O grupo de Stalin reagiu cultivando diligentemente o mito de Lenin como a encarnação do proletariado – "Lenin está conosco sempre e em todo lugar" –, manipulando a necessidade arraigada por uma figura paternal que tomasse conta de seu povo. Em todos os clubes, escolas e fábricas, o cantinho do ícone foi substituído pelo de Lenin; os bolcheviques, que até então haviam lutado para desabonar a crença popular de que os corpos dos santos não se decompunham, agora haviam embalsamado o corpo de Lenin como o de um faraó moderno e o colocaram em um relicário sagrado. É difícil dizer até que ponto o regime utilizou o culto a Lenin para impor seus valores à população e até que ponto estava satisfazendo as necessidades populares.

18. A maquete de *Monumento à Terceira Internacional* de Vladimir Tatlin.

A intelligentsia e as artes

A Revolução de Outubro deu origem a uma explosão espantosa de experimentações artísticas sem igual em qualquer parte do mundo. Alguns de seus símbolos foram o *Quadrado Negro* de K.S. Malevich, o *Monumento à Terceira Internacional* de V.Y. Tatlin, o teatro biomecânico de V.Y. Meyerhold, a poesia transracional de V. Khlebnikov, os versos estridentes de V.V. Maiakovski e os experimentos de N. Roslavets com um novo sistema tonal na música. A vanguarda, que emergira por volta de 1908, fora impelida pela crença de que a revolução da prática artística era parte de um projeto maior de transformação do papel da arte dentro da sociedade, com a arte tendo o poder de transformar a "vida". Embora discordasse em questões estéticas, a vanguarda era vagamente esquerdista em política e iconoclasta em espírito, embora de modo algum endossasse o grito futurista para que se jogasse "Pushkin, Dostoiévski e Tolstói pela amurada do navio da modernidade". Muitos de seus representantes, como Malevich, A.M. Rodchenko, Tatlin e Kandinsky nas artes visuais, obtiveram posições de influência nas novas instituições soviéticas.

19. O projeto de Altman para a Praça do Palácio.

O teatro reinou supremo entre as artes durante a guerra civil. Contudo, os esforços de Meyerhold para lançar um "Outubro do Teatro" foram bloqueados pelo comissário da Instrução, Lunatcharski, que insistia na importância de preservar o repertório clássico. Lunatcharski era defensor do princípio do pluralismo artístico, mas apoiava a vanguarda, ao passo que Lenin era bem menos tolerante, condenando-a como "absurda e pervertida". Com o início da NEP, a arquitetura, o cinema e o romance obtiveram reconhecimento público. O construtivismo foi o único movimento das artes visuais nascido diretamente de outubro de 1917. Ao procurar fundir os aspectos artísticos e tecnológicos da produção, aspirava criar um ambiente no qual a "nova pessoa soviética" pudesse se desenvolver plenamente. O interesse construtivista pelos atributos dos materiais e pelo design industrial teve um impacto imenso sobre a arquitetura moderna, a fotografia, a indústria gráfica, os tecidos, os móveis e os filmes. No cinema, diretores destacados como S. Eisenstein, D. Vertov, V. Pudovkin e A. Dovzhenko, alguns dois quais haviam começado fazendo "curtas" de propaganda durante a guerra civil, produziram clássicos do cinema mundial. A maioria deles fez experimentos de montagem – a justaposição de imagens imprevistas – para expandir a consciência visual do público. Como em todos os outros campos artísticos, havia um debate vigoroso – sobre as virtudes do documentário em oposição aos longas-metragens, da propaganda em oposição ao entretenimento. Entretanto, mesmo os filmes politicamente impecáveis de Eisenstein obtiveram uma recepção morna das autoridades, para não mencionar do público, devido ao estilo experimental de edição, filmagem e encenação. O ressurgimento da cultura comercial de massas que ocorreu com a NEP, ademais, não deixou dúvidas de que o público preferia ficção escapista, música leve, comédias e revistas de variedades à arte vanguardista. O interesse das autoridades em tornar a arte mais acessível foi um dos motivos de o regime ter passado a olhar com crescente aprovação, na segunda metade da década de 20, aqueles artistas que haviam continuado a trabalhar dentro de gêneros predominantemente realistas e figurativos.

A literatura desabrochou nos anos 20, em parte por causa do ressurgimento das editoras particulares. Algumas das primeiras reações à revolução, de poetas como A.A. Blok, S.A. Esenin e A. Belyi, tiveram um caráter apocalíptico, que se identificava com o seu "maximalismo espiritual". *O Ano Nu* (1922), de B. Pilniak, considerado por muitos o primeiro romance "soviético", retratou a revolução como uma força asiática vingativa que derretia o verniz civilizacional da "Europa mecânica". K. Fedin, M. Zoshchenko e V. Ivanov, em contrapartida, louvaram a revolução como uma liberação da imaginação fantástica. Eles foram criticados por serem "ideologicamente ocos" pelo grupo Smithy, que louvava o coletivismo, o trabalho e o culto à máquina. À medida que a memória da guerra civil ficava mais pálida, os escritores tornavam-se menos partidários e dedicavam-se a refletir mais as incertezas da NEP. Digna de nota foi a sátira tragicômica de M. Zoshchenko, cujo tema era o absurdo da vida cotidiana. Uma estética humanista e apolítica também ganhou terreno na poesia de Mandelstam e Akhmatova, que aspiravam cultivar o lirismo e uma linguagem precisa, clara e contida. Foi em reação a tal pluralismo que, em 1928, a Associação dos Escritores Proletários exigiu que a literatura obedecesse a um "comando social". Essa estética, que atribuía pouco valor à ficção, exceto enquanto documento sociológico, harmonizava-se com os gostos de leitores recém-formados, sedentos por personagens positivos e sem ambiguidades, por uma narrativa segura e certezas morais. Entretanto, se nos anos 20 houve um verdadeiro pluralismo na literatura, também a censura ascendeu continuamente. Em 1922, o Diretório Central de Proteção dos Segredos de Estado na Imprensa foi instituído, incumbido de censurar obras impressas, manuscritos e fotos nacionais e do exterior. Em julho de 1924, 216 filmes estrangeiros haviam sido banidos devido à "ameaça à educação ideológica de trabalhadores e

20. Design de um pôster construtivista para o filme *O décimo primeiro*, de Dziga Vertov.

camponeses do nosso país". Era uma censura mais austera do que a em vigor depois de 1905.

Nos anos 20, a posição da intelligentsia manteve-se ambígua. Tendo-a reduzido à impotência política, o regime a encorajou a colocar seus conhecimentos a serviço do socialismo, pois este necessitava de professores, cientistas, planejadores, administradores, gerenciadores, médicos e engenheiros. Desde a metade da década de 20, os salários começaram a subir e os privilégios materiais a se acumular. O regime, contudo, continuou a desconfiar da intelligentsia, vendo-a como uma elite adversária com pretensões à liderança moral, elite esta que provavelmente obstruiria o caminho em direção à hegemonia. Embora algum grau de pluralismo fosse tolerado na educação, nas artes e nas ciências, a tendência era claramente ao controle oficial cada vez maior. Em 1922, as universidades perderam a autonomia – a despeito de uma greve de acadêmicos em Moscou e outras cidades – e o Conselho Acadêmico Estatal começou, a passos hesitantes, a excluir os "teólogos, místicos e representantes do idealismo extremo". Entre todas, somente a Academia de Ciências preservou sua autonomia até 1929, embora uma Academia Vermelha tenha sido criada para competir com ela. Associações aparentemente inócuas como a Sociedade Vegetariana constantemente tinham autorização recusada pela OGPU, "por considerações de ordem política". O fato extraordinário é que, apesar de todas as provações por que passou, a intelligentsia manteve uma identidade social nítida por meio de redes informais, relações pessoais e lealdades institucionais.

A década de 20 foi, portanto, uma época de inexaurível diversidade artística e intelectual, mas também um período em que o regime intensificou gradualmente o controle sobre a vida cultural, por meio da censura, do controle dos patrocínios e de intervenções abruptas. Dado que acreditava no poder da arte para transformar a consciência humana, o governo não permitiria que sua direção fosse determinada pelos caprichos espontâneos dos artistas individuais ou pelos imperativos do mercado. Além disso, o abismo que havia entre a vanguarda e o gosto popular incomodava uma liderança que reconhecia o tremendo potencial de propaganda das novas mídias como o cinema. Stalin, um cinéfilo, descreveu o cinema como "o meio mais importante de agitação de massas". Por fim, a tendência do partido de se tornar menos tolerante para com a vanguarda foi uma manifestação indireta da preocupação crescente, do próprio partido, com a manutenção da estabilidade e o repúdio de qualquer coisa que indicasse uma revolução permanente. Mesmo assim, o exercício do controle partidário nunca foi sólido ou eficiente nesse período, e o debate sobre o que constituía uma arte apropriada para uma sociedade socialista continuou a ocorrer com relativa liberdade. Há uma diferença qualitativa entre a diversidade dos anos 20 – por mais desacreditada que fosse – e o conformismo opressivo dos anos 30.

Ao ressaltar a disparidade entre o ideal e a realidade, a NEP pode ser vista como um freio do utopismo da guerra civil, mas não se deve concluir que o utopismo tenha morrido. As esperanças depositadas na eletrificação, no taylorismo e na revolução cultural eram de natureza utópica e demonstravam o dinamismo constante do regime. Contudo, as realidades russas começavam a se fazer sentir. Paradoxalmente, na medida em que o regime se estabilizou, as forças estruturantes mais profundas do desenvolvimento russo se reafirmaram: forças geográficas (distâncias gigantescas, populações dispersas, sistema inadequado de comunicações), climáticas (o risco associado à agricultura), geopolíticas (a dificuldade de proteger as fronteiras), o subdesenvolvimento do mercado e a escassez de capitais, as estruturas profundamente arraigadas da cultura camponesa, as tradições do Estado burocrático. Os bolcheviques, que haviam rejeitado tão categoricamente a herança russa, descobriram que, quanto mais se afastavam daquele Outubro decisivo, mais essas forças se faziam sentir. Isso não significa que tenham se tornado prisioneiros de tais forças, ou que os impulsos em direção à transformação revolucionária tenham se exaurido: a "revolução desde cima" de Stalin provaria o contrário. Mas, em muitas áreas, é possível ver um distanciamento da antiga iconoclastia e os princípios de uma síntese entre revolução e tradição.

Conclusão

Na mais perspicaz interpretação recente da história soviética, Martin Malia argumenta que a União Soviética foi uma "ideocracia" cujo desenvolvimento foi guiado pelo desejo bolchevique de realizar uma visão milenarista do comunismo pela abolição da propriedade privada, do lucro, do mercado e da sociedade civil. Muitos concordam com Malia que a ideologia constitui a chave para compreender o desenvolvimento do totalitarismo soviético, mas há pouco acordo sobre quais elementos específicos do marxismo-leninismo devem levar a culpa. Alguns *endossam a opinião de Malia de que* as sementes do totalitarismo *estavam* na aspiração de Marx de abolir a propriedade privada; outros apontam para a crença de Marx de que a luta de classes é o motor da história ou para a afirmação de que o proletariado deve exercer uma ditadura durante a transição para o socialismo. Outros apontam para características mais gerais do marxismo, como a sua pretensão de fornecer um conhecimento "científico" das leis da história ou sua rejeição da moralidade como um fator limitador da ação. Sem dúvida, alguns, possivelmente todos, elementos do marxismo tiveram um papel na formação do curso da história soviética. Que haja incerteza sobre quais elementos específicos foram decisivos, contudo, é algo que deveria nos fazer pensar antes de subscrever a opinião de que na ideologia está a raiz de todos os males. Especialmente quando consideramos que em 1917 os elementos mais sedutores do marxismo eram muito diferentes dos acima mencionados: as promessas de pôr fim à desigualdade e à exploração e de abolir o Estado e entregar o poder nas mãos da classe trabalhadora.

É indiscutível que a ideologia tenha sido de vital importância na determinação do curso da revolução bolchevique. Todos os bolcheviques – incluindo Stalin – acreditavam na teoria marxista. É impossível compreender a escala de sua ambição, a surpreendente energia e a determinação implacável demonstradas pelos bolcheviques, a menos que levemos a sério as ideias que os inspiraram. A vitória na guerra civil, por exemplo, é inexplicável, exceto nos termos da firme convicção de que estavam mantendo a ditadura em nome de um proletariado temporariamente "desclassificado". Contudo, a guerra civil também nos diz que a ideologia bolchevique *mudou* com o tempo – mudanças, em muitos aspectos, profundas. Em 1917, Lenin dedicou um tempo precioso ao desenvolvimento da noção marxista do definhamento do Estado. Em 1918, *Estado e Revolução*, de Lenin, era totalmente irrelevante. Em poucos meses, Lenin passara a ver no fortalecimento substantivo do Estado a única garantia do avanço em direção ao socialismo. Nem todos os bolcheviques concordaram. Durante a guerra civil e meados da década de 20, os bolcheviques entenderam a própria ideologia de diferentes maneiras – a visão de caserna da sociedade comunista associada ao Comunismo de Guerra, a visão produtivista associada à NEP –, e as ríspidas discordâncias que surgiram dessas diferentes perspectivas foram tão importantes na determinação do curso da revolução quanto as crenças e valores compartilhados por todos. Ao apresentar o bolchevismo como monolítico e imutável, a tese da "ideocracia" simplifica radicalmente os modos pelos quais

21. Protesto: "Nos deixem dirigir nosso caminho para a vida brilhante".

as ideias – e os conflitos por elas motivados – deram forma à conduta dos bolcheviques.

Se examinarmos os acontecimentos descritos neste livro, muitas vezes é a incapacidade dos bolcheviques de realizar seus objetivos, sua cegueira, e não sua visão, que impressiona. Depois de subirem ao poder, tiveram de lidar com um amplo leque de problemas para os quais o marxismo-leninismo os deixara mal preparados. A ideologia não podia lhes dizer, por exemplo, se deviam ou não assinar o Tratado de Brest-Litovsk. As políticas adotadas, portanto, eram frequentemente resultado tanto de improvisação e pragmatismo quanto dos sagrados princípios ideológicos. Em outras palavras, a relação entre as crenças e as ações era complexa, influenciada por uma gama muito maior de fatores do que a tese da "ideocracia" abrange. Se a ideologia era uma peça-chave na formação das instituições e práticas do Estado soviético, também o foram a geografia e geopolítica, as estruturas econômicas e políticas, as conjunturas específicas geradas pela revolução e pela guerra civil, além de uma economia despedaçada, e não menos importantes, acontecimentos que ninguém previu. Todas essas coisas foram interpretadas por meio das lentes ideológicas, então a importância delas é inseparável dos significados de que foram investidas. Não obstante, elas exerceram um peso determinante próprio e não podem ser reduzidas à ideologia. Durante o período que examinamos, o "mundo real" – quer na forma de um sistema ferroviário paralisado, da devastação causada pelo tifo, ou de uma ofensiva militar desnorteante liderada por Denikin – manteve o desagradável costume de pegar os bolcheviques de surpresa, confundindo seus planos mais bem estruturados.

A história que percorremos é, em parte, sobre como possibilidades que se abriram em 1917 foram definitivamente fechadas. Já em janeiro de 1918, componentes essenciais da revolução de 1917 – poder aos sovietes, o controle operário da produção, a abolição do exército permanente – foram rejeitados. Em 1921, os bolcheviques não viam mais a classe trabalhadora como o agente da revolução, e sim o partido-Estado e o Exército Vermelho. Esse afunilamento do significado da revolução teve menos a ver com a ideologia do que com a lógica estrutural da situação dos bolcheviques. Enfrentando ameaças de uma oposição política resoluta e forte resistência popular, eles passaram a fazer uso da força. Tinham poucas dificuldades em justificar esse uso em termos ideológicos, mas a lógica que os guiou pelo caminho até a ditadura do partido único foi mais estrutural do que ideológica. De outra maneira é difícil explicar por que formaram uma coalizão com os SRs de esquerda ou demonstraram certa obstinação ao banir logo de início os partidos de oposição. A crença de que o fim justificava os meios os serviu bem, cegando-os para o fato de que os meios corrompem os fins. Em agosto de 1919, o jornal *Espada Vermelha* proclamou: "Tudo nos é permitido porque somos os primeiros do mundo a erguer a espada, não em nome da escravização e da opressão, mas sim da felicidade geral e da libertação da escravidão". Contudo, em muito pouco tempo a libertação da escravidão fora fatalmente subvertida pelos meios escolhidos para alcançá-la.

O significado da revolução também mudou na medida em que ela se incorporou no ambiente russo. Na década de 20, os bolcheviques estavam lidando com muitas das mesmas pressões – a necessidade premente de industrializar, modernizar a agricultura e construir uma capacidade de defesa – que haviam motivado o regime de Nicolau II. Esses objetivos estavam agora articulados de maneira muito diferente, mas as exigências objetivas da modernização se fizeram sentir ainda assim. A revolução foi redefinida como uma forma autoritária de modernização na qual o Estado mobilizaria os recursos materiais e humanos de um país empobrecido para industrializar, modernizar a agricultura e elevar o nível cultural do povo. Isso exigia, particularmente, que se quebrasse a resistência passiva do campesinato, de modo a fornecer capital para o que Preobrazhenski chamou de "acumulação socialista primitiva". A ideologia se adaptou a essas restrições estruturais e culturais mais profundas tanto quanto inspirou o esforço para delas escapar.

Essa é uma representação deveras sombria, já que a implicação é de que o círculo vicioso do atraso econômico e do isolamento internacional não poderia ter sido quebrado sem o uso da coerção estatal. Isso não significa, contudo, que os bolcheviques estivessem desprovidos de agência política: eles tiveram de fazer escolhas genuínas a cada encruzilhada. É irônico que os mais propensos a descrever os bolcheviques como arquitetos conscientes da tirania – os que atribuem a eles um alto grau de agência – atribuam tão pouca importância às escolhas que de fato fizeram. No entanto, logicamente, se a relação entre agência e contingência estava tão pesadamente inclinada em favor da segunda, optar pelo caminho de Bukharin, ou pelo de Trotski, em vez do de Stalin, exerceria um impacto inegável sobre os acontecimentos futuros. Porém, tais analistas negam que houvesse muita coisa em jogo na luta intrapartidária. Mesmo que, como já se argumentou, Bukharin e Trotski estivessem comprometidos com um projeto fundamentalmente igual ao de Stalin – o socialismo como era entendido em 1917 tendo há muito deixado de ser uma opção viável –, continua a ser bastante razoável insistir que, se algum deles houvesse derrotado Stalin, o horror e o derramamento de sangue dos anos 30 poderiam ter sido evitados.

Isso levanta a questão central da relação entre leninismo e stalinismo. Os horrores do stalinismo já estavam inscritos na lógica leninista? Ninguém menos do que o jovem Trotski advertiu, em 1904, quanto à lógica das opiniões de Lenin sobre a organização partidária:

> O aparelho partidário inicialmente substitui o partido como um todo; o Comitê Central então substitui o aparelho; e por fim um único "ditador" toma o lugar do Comitê Central.

Contudo, mais tarde em sua vida, Trotski negou com veemência continuidades entre o leninismo e o stalinismo, insistindo que todo um "rio de sangue" os separava. É certo que muito na teoria e prática leninista prefigurava o stalinismo. Lenin foi o arquiteto do monopólio absoluto do partido sobre o poder; foi ele quem implacavelmente subjugou os sovietes e sindicatos. Foi ele quem se recusou a abrir qualquer espaço àqueles que pensassem diferente, que eliminou a imprensa livre, que esmagou a oposição socialista, que cancelou o direito dos membros partidários de formar facções. Ele chegou até mesmo a sugerir que a vontade do proletariado "pode às vezes ser exercida por um ditador". A Lenin, em outras palavras, deve ser atribuída considerável responsabilidade pelas instituições, pelo clima de intolerância e pelo niilismo jurídico e moral que permitiram que Stalin subisse ao poder. Mas o raciocínio aqui defendido indica que, embora uma lógica regesse o processo, não era a lógica inexorável de uma ideia que se desdobra, mas sim a lógica inscrita na interação de certos objetivos ideológicos e princípios organizacionais com pressões estruturais e contingentes.

Se é possível encontrar precedentes de muitas características típicas do stalinismo nos acontecimentos de antes de 1928, a chamada "Grande Ruptura", instituída pelo primeiro Plano Quinquenal e pela coletivização forçada, foi exatamente isso – uma ruptura política que deu início a uma onda devastadora e violenta de mudanças sociais. A vida na época de Stalin era uma experiência muito diferente do que foi viver na época da NEP. Negar qualquer elemento de descontinuidade é um fracasso imaginativo, é não reconhecer a natureza homicida do stalinismo. As instituições de governo podem não ter mudado, mas a ditadura personalista, o uso incontido da força, o culto do poder, o medo endêmico, o conformismo opressivo, o temor paranoico de cercos inimigos e agitadores internos, o uso do terror contra toda uma sociedade – tudo isso significava que a vida política era qualitativamente diferente do que sob o governo de Lenin. É claro que o terror, os trabalhos forçados e os processos de Moscou tiveram precedentes na época de Lenin, mas a quantidade foi transformada em qualidade. Ao acelerar a modernização econômica da União Soviética,

Stalin acreditava continuar a revolução. Contudo, ele esmagou todos os impulsos emancipatórios que ainda restavam, comandando a consolidação de um Estado leviatânico no qual uma elite governante desfrutava de poder e privilégios às custas do povo e em que formas do patriarcado e do chauvinismo russo foram reerguidas.

Uma questão relacionada diz respeito a até que ponto Stalin representou o ressurgimento de elementos profundamente enraizados na cultura política russa. O argumento da continuidade cultural é um elemento central do influente relato de Richard Pipes sobre a Revolução Russa. Tal argumento baseia-se na ideia de que o czarismo era um regime patrimonial em que a autoridade absoluta e ilimitada do czar advinha do fato de ele ser proprietário dos recursos do país, incluindo a vida de seus súditos. Sob o czarismo, o campesinato, assevera Pipes, era politicamente passivo, aceitava a autocracia e não tinha noções de responsabilidade cívica. O relato deste livro enfatizou que a revolução abriu caminho para uma torrente de mudanças que desestabilizaram imensamente as normas e práticas culturais. Todavia, este livro também endossou alguns aspectos do argumento da continuidade cultural, observando como, nos anos 20, estava ocorrendo um "retorno dos elementos reprimidos". A semelhança entre as orientações políticas tomadas por óbvias no czarismo e no stalinismo é impressionante – a primazia do Estado perante a sociedade, a relação pessoalizada entre o povo e o governante, a falta de freios legais ao poder executivo, a ausência de instituições que servissem de mediação entre governantes e governados, o clientelismo como maneira de construir relações sociais e políticas e a desconfiança com o mundo exterior. Moshe Lewin defendeu a existência de um "efeito contaminante" da tradição, pelo qual quanto mais rapidamente as estruturas tradicionais forem rompidas, mais provável será que elas se reafirmem no longo prazo. Ao mesmo tempo, indo contra o argumento de Pipes, é preciso ser cauteloso ao interpretar a cultura política da Rússia como um sistema monolítico. A cultura é um conjunto discutido de normas e práticas relativamente impostas. Em 1917, houve um florescimento da democracia – democracia de tipo bastante específico –, portanto é necessário explicar por que isso cedeu lugar a impulsos em direção ao autoritarismo. Ademais, em vez de tratar a cultura política como um fator causal que explica a ascensão do stalinismo, é melhor interpretá-la como um contexto condicionante, no qual as normas e as práticas moldam negativamente a ação política, ao fornecer poucos recursos para combater uma nova imposição de um sistema autoritário. Por fim, o stalinismo nunca foi uma simples ampliação do autoritarismo tradicional: ele sintetizava muitos elementos da tradição nacional russa com o leninismo; a forma que assumiu, de um partido-Estado mobilizador, faz do autoritarismo stalinista uma criatura muito específica do século XX.

Tampouco o "retorno dos elementos reprimidos" deve ser interpretado como prova de que o impacto da revolução foi superficial. Um tema deste livro foi demonstrar que uma percepção hostil da ordem social teve influência profunda sobre a cultura popular, que o engajamento com a igualdade era muito difundido e que o ideal do poder soviético era imensamente popular. O que motivou uma grande resistência aos bolcheviques foi precisamente o sentimento de que eles estavam traindo esses ideais. A revolução, contudo, sempre significou diferentes coisas para diferentes pessoas, mas também diferentes coisas para as mesmas pessoas em momentos diferentes. Podia significar uma convocação para o Exército Vermelho sem poder recusar, as dificuldades inimagináveis para os habitantes das cidades que sofriam de fome e de frio, o confisco de grãos por forasteiros, além de arrivistas que representavam o poder soviético praticando corrupção no próprio vilarejo onde tinham nascido. Podia também significar a oportunidade de aprender a ler, não perder os filhos por causa de doenças, aumentar o tamanho do lote da própria casa, conseguir divorciar-se de um marido bêbado ou ser instruído na língua nativa.

As identidades sociais não deixaram de ser fraturadas e perturbadas, mas haviam passado por uma transformação profunda por causa da revolução. O conceito de classe havia produzido a linguagem dominante por meio da qual as afiliações políticas foram construídas em 1917. Continuou a ser dominante na nova ordem. É impressionante a velocidade com que os camponeses adotaram a linguagem de classe – procurando avidamente provar, por exemplo, que eles não eram kulaks. No entanto, se a linguagem servia à autopreservação, para legitimar suas queixas ou racionalizar seus problemas, não é possível saber. Isso ocorreu tão rapidamente porque o discurso bolchevique de classe foi superimposto a uma noção já existente de divisão entre "eles" e "nós". Ao mesmo tempo, é claro que as percepções dos camponeses sobre a sociedade rural continuaram a se desencontrar com as percepções dos comunistas. Camponeses pobres, o centro de atenção da liderança do partido, eram muitas vezes descritos como "vagabundos" e "parasitas" por seus vizinhos, enquanto os kulaks podiam ser elogiados por sua disposição para o trabalho ou vituperados como "comedores de comunas" e "parasitas do mir (comuna camponesa)". Não obstante, a introdução das distinções de classe como a base da política oficial, como se podia ver na concessão de isenção de impostos ou no estímulo dado a camponeses pobres para que formassem organizações próprias depois de 1926, em muito contribuiu para concentrar as identidades sociais em torno de tais distinções. Por extensão, os milhões de camponeses que peticionavam às autoridades ou escreviam à imprensa ingressavam na nova ordem no ato mesmo de escrever. Seus pequenos textos formavam um fragmento do Grande Texto escrito pelo Estado. Em outras palavras, apesar da resistência geral à repressão e à engenharia social do partido-Estado, a ideologia bolchevique forneceu uma base sobre a qual milhões, nessa sociedade altamente fluida, puderam forjar uma identidade, por mais frágil que fosse.

No que dizia respeito aos trabalhadores, a classe, em alguns aspectos, se enfraqueceu como identidade social, o que pode ajudar a explicar por que a quantidade de protestos coletivos caiu nos anos 20. Em suas propagandas, o partido-Estado constantemente martelava a noção de que o proletariado era a classe governante. Apesar das más condições de vida e trabalho, os trabalhadores realmente desfrutavam de certos privilégios em relação a outros grupos sociais. O Estado havia se tornado o poderoso defensor do discurso de classe, com poder para determinar seus usos estratégicos por meio da mídia popular, de órgãos de censura, de escolas e assim por diante. Portanto, a linguagem que havia sido usada por trabalhadores desde 1905 para articular suas queixas havia perdido grande parte de sua força de oposição. Os trabalhadores ainda podiam usá-la – especialmente para contrastar a retórica com a realidade –, mas, por meio do uso de categorias como trabalhadores "conscientes" e "atrasados", pela ideia do descontentamento como uma expressão de consciência "pequeno-burguesa", o Estado contribuiu muito para emascular uma linguagem que, em 1917, unira os elementos díspares da força de trabalho em uma força política autoconsciente.

A transformação das identidades sociais aconteceu em muitas outras dimensões que não a de classe. A categoria de "mulher" adquiriu uma nova importância depois de 1917, mas nunca ao ponto de desafiar a construção implicitamente masculina do roteiro revolucionário. E, para cada "nova mulher", havia mil cuja indiferença ao drama revolucionário pareceu corroborar uma visão do sexo feminino como "atrasado". Da mesma forma, para aqueles com vinte anos de idade ou menos, "juventude" tornou-se uma categoria por meio da qual uma identidade muito emancipadora podia ser construída, aliando-os às forças da cultura e do socialismo, legitimando sua rebelião contra os pais "atrasados". Mas a concepção idealista da juventude inerente à ideologia oficial se desgastou no contato com noções menos rigorosas e mais hedonísticas sobre o que significava ser livre das responsabilidades da idade adulta.

Por fim, pode-se notar o desenvolvimento paradoxal da identidade nacional nesse período. Para os não russos, os anos 20 foram um período em que as identidades nacionais

22. Caricaturas na Praça Vermelha.

floresceram, relegando a identidade russa a uma espécie de limbo. Foi também uma época em que, entre os mais politizados, uma identidade distintamente soviética ganhou espaço pela primeira vez. Havia aspectos verdadeiramente internacionalistas nessa identidade, contudo, ela também atribuía secretamente uma superioridade à cultura russa e aprovava a dominância política dos eslavos. A identidade nacional russa popular viera crescendo no final do período imperial, mas havia recuado sob o massacre das classes em 1917. Já na guerra civil – Radek a caracterizou como uma "luta nacional de libertação contra a intervenção estrangeira" –, a defesa da nação soviética começou a dar novo foco a sentimentos patrióticos latentes. Da mesma forma, a doutrina de Stalin do "socialismo em um só país" serviu de bandeira para o sentimento de que a Rússia não era de modo algum inferior ao Ocidente capitalista. Em outras palavras, embora a identidade soviética nunca tenha sido somente uma identidade nacional russa, ao longo do desenvolvimento da União Soviética, elementos outrora tabus da identidade nacional russa foram tacitamente recuperados.

A revolução bolchevique gerou calamidades em uma escala proporcional à transformação da condição humana que procurou alcançar. Avaliada pelos critérios da política contemporânea, a ambição bolchevique nos deixa horrorizados. Mas é mais fácil para nós hoje reconhecer as ilusões que os influenciaram do que reconhecer os ideais que buscaram realizar. Contudo, jamais entenderemos a Revolução Russa, a menos que reconheçamos que os bolcheviques eram, em essência, motivados pela revolta contra a exploração inerente ao capitalismo, contra o nacionalismo agressivo que levara a Europa ao banho de sangue da Primeira Guerra Mundial. As desumanidades horrendas que resultaram da revolução, culminando no stalinismo, não devem obscurecer o fato de que milhões deram boas-vindas à revolução como uma mensageira da justiça social e da liberdade.

Num nível filosófico, a revolução levantou questões profundas sobre como a justiça, a igualdade e a liberdade podem ser reconciliadas, questões que são relevantes ainda hoje, mesmo que as respostas dadas a elas pelos bolcheviques tenham sido fatalmente imperfeitas. Vivemos em um mundo onde se tornou difícil refletir criticamente sobre os princípios organizadores da sociedade. Tudo conspira para nos fazer consentir que o mundo continue como está, para desencorajar a crença de que ele possa ser radicalmente reordenado de acordo com moldes mais justos e igualitários. Porém, foi exatamente isso o que os bolcheviques tentaram realizar. Escrevo estas palavras num momento em que há um crescimento dos protestos "anticapitalistas", motivados por uma indignação com as desigualdades descomunais que caracterizam nosso mundo. No início deste século XXI, parece razoável concluir que alguns elementos da Revolução Russa vão continuar a servir de inspiração, mesmo havendo muitos que continuarão a servir como advertências terríveis.

Leituras complementares

As indicações abaixo são de livros não acadêmicos que foram publicados, em sua maior parte, durante a última década. Eles permitirão ao leitor uma investigação mais detalhada sobre a Revolução Russa. Escolheu-se não fazer menção à literatura especializada – as referências a ela podem ser encontradas nas bibliografias dos livros aqui citados.

Dois volumes extremamente úteis nos quais este livro em grande parte se baseia são:

Harold Shukman (ed.), *The Blackwell Encyclopedia of the Russian Revolution* (Oxford, 1988) e Edward Acton *et al.* (ed.), *Critical Companion to the Russian Revolution, 1914-1921* (Londres, 1997).

A Rússia czarista

Uma investigação excelente da Rússia czarista: Geoffrey Hosking, *Russia: People and Empire, 1552-1917* (Londres, 1997). Um relato de leitura bastante acessível sobre a Rússia durante a Primeira Guerra Mundial: W. Bruce Lincoln, *A Passage through Armageddon: the Russians in War and Revolution* (Oxford, 1986).

A revolução

Um relato brilhante da revolução: Orlando Figes, *Tragédia de um povo: a Revolução Russa, 1891-1924* (Rio de Janeiro: Record, 1999). Também vale a pena consultar (embora seja mais uma denúncia do que uma análise da revolução): Richard Pipes, *The Russian Revolution* (Nova York, 1990). Bons relatos sobre 1917: Rex A. Wade, *The Russian Revolution, 1917* (Cambridge University Press, 2000); James D. White, *The Russian Revolution, 1917-1921* (Londres, 1994). Interpretações brilhantes da revolução: Edward Acton, *Rethinking the Russian Revolution* (Londres, 1990). Duas coletâneas de ensaios mais especializados: E.R.

Frankel *et al.* (ed.), *Revolution in Russia: Reassessments of 1917* (Cambridge, 1992); Robert Service (ed.), *Society and Politics in the Russian Revolution* (Londres, 1992).

O PERÍODO DA GUERRA CIVIL

Narrativas boas e confiáveis do período da guerra civil: Christopher Read, *From Tsar to Soviets: the Russian People and their Revolution, 1917-1921* (Londres, 1996); Evan Mawdsley, *The Russian Civil War* (Londres, 1987); Geoffrey Swain, *Russia's Civil War* (Stroud, 2000). Uma coletânea de ensaios de peso, todos eles, nos quais muitas das observações destes capítulos se basearam: Diane P. Koenker, William G. Rosenberg e Ronald Grigor Suny (ed.), *Party, State, and Society in the Russian Civil War* (Bloomington, 1989).

A ECONOMIA E A NEP

Estudos importantes sobre a economia: Silvana Malle, *The Economic Organization of War Communism, 1918-1921* (Cambridge University Press, 1985); R.W. Davies (ed.), *From Tsarism to the New Economic Policy* (Londres, 1990); R.W. Davies, Mark Harrison e S.G. Wheatcroft, *The Economic Transformation of the Soviet Union, 1913-1945* (Cambridge, 1994). Sobre a NEP, os seguintes livros podem ser calorosamente recomendados: Lewis H. Siegelbaum, *Soviet State and Society between Revolutions, 1918-1929* (Cambridge, 1992); Vladimir Brovkin, *Russia After Lenin: Politics, Culture and Society* (Routledge, Londres, 1998); Sheila Fitzpatrick, Alexander Rabinowitch, Richard Stites (ed.), *Russia in the Era of NEP: Explorations in Soviet Society and Culture* (Indiana University Press, Bloomington, 1991). Muitas das observações dos capítulos 4 e 5 são baseadas em: Moshe Lewin, *The Making of the Soviet System* (Londres, 1985); V.P. Danilov (trad. e ed. Orlando Figes), *Rural Russia Under the New Regime* (Hutchinson, Londres, 1988); Graeme Gill, *The Origins of the Stalinist Political System* (Cambridge University Press, 1990).

Lenin e Stalin

Sobre Lenin: Beryl Williams, *Lenin* (Londres, 2000); Robert Service, *Lenin: A Biography* (Londres, 2000). Sobre Stalin, há a monumental biografia em dois volumes de Robert C. Tucker, *Stalin as Revolutionary: 1879-1929* (Nova York, 1973) e *Stalin in Power: the Revolution from Above, 1928-1941* (Nova York, 1990).

Ensaios e histórias gerais

Ensaios importantes podem ser encontrados em Sheila Fitzpatrick (ed.), *Stalinism: New Directions* (Routledge, Londres, 2000). Histórias gerais da União Soviética que podem ser recomendadas: Martin Malia, *The Soviet Tragedy: A History of Socialism in Russia, 1917-1991* (Nova York, 1994); Ronald G. Suny, *The Soviet Experiment: Russia, the USSR and the Successor States* (Nova York, 1998); Peter Kenez, *A History of the Soviet Union from the Beginning to the End* (Cambridge, 1999); Robert Service, *A History of Twentieth-Century Russia* (Londres, 1997).

ÍNDICE REMISSIVO

A

Abkhazia 144
aborto 161
Academia de Ciências 178
administração por uma só pessoa 85
advogados 15, 24, 137
agricultura 7, 12, 14, 34, 39, 53, 86, 90, 119-121, 139, 144, 179, 183
Akhmatova, A. 176
alcoolismo (bebedeira) 135, 159
Alekseev, M.V. 22
Alexandra, imperatriz 20
alfabetização 143, 159, 166, 167
anarquistas 26, 32, 38, 42, 78
antissemitismo 127
Antonov, A.S. 106
Armand, I. 159
Armênia 35, 59, 69, 72, 141
arte vanguardista 175
Ásia Central (Turquestão) 74, 144, 159
Assembleia Constituinte 26, 37, 48, 54, 55, 61, 63, 76, 107, 108
assistência médica 98, 135, 154
Associação dos Escritores Proletários 176
Astrakhan 109
autocracia, crise da 7, 12, 15-19, 23, 33, 186
Azerbaijão 59, 69, 72, 141, 144

B

Baku 69, 137
bancos, nacionalização dos 87, 101
basmachi (guerrilheiros); *ver* muçulmanos 73
Belyi, A. 176
Berdiaev, N.A. 103
Bielorrússia 52, 68, 106, 141
Bliukher, V.K. 63
Blok, A.A. 176
Brancos 58, 59, 61, 63-68, 72-74, 77, 99, 102, 104, 110, 113
  Terror Branco 77
Brest-Litovsk, Tratado de 52, 77, 87, 182
Brusilov, A.A. 20
Buchanan, G.W. 21
Bukhara 34, 74, 141
Bukharin, N.I. 66, 80, 89, 114, 118, 129-131, 147, 167, 184
Bulgakov, M.A. 156
Bureau das Mulheres 159, 163
burguesia, industrial e comercial 15, 36; *ver* burzhui
"burocracia" no partido-Estado 85
burzhui 40, 96, 101, 112

C

camadas sociais 15, 153
camponeses 7, 8, 12, 14, 16-18, 24, 25, 27, 35, 36, 39,

40, 44, 48, 50, 52, 53, 55, 56, 59-61, 65, 66, 68, 76, 79, 90, 92-95, 101, 105-107, 117-120, 125, 131, 138-140, 148-152, 155, 160, 164, 167, 169, 177, 188
   diferenciação de classe entre os 16
   insurreições contra os bolcheviques 105-106
   ver comuna; redistribuição da terra; kombiédi; kulaks
Casamento 158
cazaques 73, 143
censura 8, 176-178, 189
Centralistas Democráticos 81, 84, 85
Chechênia 142
Cheka (GPU 1922-23; OGPU 1923-34) 64, 73, 75-78, 83, 95, 101, 108, 111, 126, 137
Chernov, V.M. 28, 39, 55, 113
Chukovski, K. 82
cinema 98, 169, 175, 178
classe, discurso de 41, 104, 132, 189
   divisão entre "eles" e "nós" 188
classes médias 15, 17, 20, 102;
clero 15
Código Penal (1922) 137
comércio, proibição do 86
   restauração do livre comércio 106

Comitê Militar Revolucionário (CMR) 46
comitês fabris 38, 48, 87-89, 115, 126; *ver* controle operário da produção
comuna (camponesa) 17, 28, 43, 57, 119, 188
confisco de alimentos 105
Conselho de Defesa 64, 90
Conselho Supremo da Economia (Sovnarkhoz) 89, 102, 122
construção nacional na década de 1920 143
construtivismo 175
contrarrevolução 26, 42, 59, 60, 75, 81, 109
controle operário da produção 86, 182; *ver* administração por uma só pessoa
cooperativas 69, 95, 117-120, 159, 171
corrupção dos dirigentes estatais 57, 75, 77, 84, 97, 136, 139, 187
cossacos 109
cremação 168
crianças 97, 156, 158, 160-164, 168
   mortalidade infantil 14, 163
   órfãos 163
   outubração 168
crime 75, 164
   juvenil 161, 163, 164
Crimeia 34, 73, 135
crise da habitação 122, 135, 154, 156

crise das tesouras 117, 128
curdos 144

D

Decreto da terra 52-53
Decreto de Paz 51
democracia 19, 21, 22, 24-27, 40, 43, 48, 54, 55, 61, 81, 85, 115, 116, 128, 131, 187
Denikin, A.I. 59, 63, 65, 66, 77, 112, 182
desemprego 57, 69, 108, 109, 125, 161, 165
desertores 29, 59, 84, 105, 109
Dias de Julho 33, 41, 42
divórcio 50, 158, 161
doenças 15, 58, 69, 155, 187
Donbas 36, 38, 65, 110, 123
Don, região do 59, 64
Dovzhenko, A. 175
Duma 11, 12, 17, 20

E

economia, crise da 38-39, 86
educação 7, 25, 66, 103, 121, 132, 135, 136, 138, 143, 151, 154-156, 161, 162, 165, 171, 176, 177
Eisenstein, S. 175
elite, surgimento da nova 134
emigrantes 101
"ensacadores" 91, 95
Esenin, S. 165, 176
especialistas técnicos (spetsy) 88, 123
esportes 155

Estônia 34, 36, 59, 67
estrutura de classes, destruição da 104
  reconstituição da nova
  ver elite, surgimento da nova
Exército Imperial Russo; *ver* Primeira Guerra Mundial
Exército Vermelho 60, 64-67, 72, 73, 76, 78-80, 82-84, 90, 93, 99, 106, 108, 111, 125, 138, 139, 155, 160, 166, 183, 187
  "especialistas militares" 60, 63

F

família 7, 95, 102, 133, 137, 150, 153, 156, 158-161
família imperial, execução da 61
fazendas coletivas 120
Fedin, K. 176
filas 158
Finlândia 33, 35, 44, 59, 66, 67, 112

G

Gastev, A.K. 124
Geórgia 28, 35, 69, 72, 74, 128, 141
Goloshchekin, F.I. 137
governo provisório 12, 22, 25-27, 29, 30, 34-37, 41, 43, 44, 46, 47, 50, 54, 67
  governo de coalizão 29
grande fome (1921-22) 58
Grechaninov, A.T. 103

greves 17, 21, 37, 40, 110, 125
Guardas Vermelhos 46, 55, 57, 60
guerra civil 46, 57-62, 66, 68, 70, 74, 79, 81, 86, 88, 97, 103, 104, 110, 111, 113-116, 120, 126, 137, 156, 159, 162, 164, 166, 175, 176, 179, 181, 182, 191
guerra, políticas relativas à 29-30
    defensismo revolucionário 23, 30
guerrilheiros 59, 68, 106

H

homens da NEP 127, 151

I

Iaroslavski, E. 171
Igreja Ortodoxa Russa 18, 103, 169-171; *ver* clero
imposto cobrado em bens 119
indústria 11, 14, 16, 20, 23, 28, 37, 48, 65, 76, 78, 86, 88-90, 98, 99, 101, 104, 106, 118, 121, 122, 124, 125, 131, 135, 136, 144, 145, 149, 175
    corte dos subsídios estatais à 103, 160-161
    nacionalização da 101
inflação monetária 20, 69, 92, 95
    restauração da estabilidade monetária 117

Inspetorado dos Trabalhadores e Camponeses 136
intelligentsia 8, 15, 27, 102, 166, 174, 177, 178
intervenção aliada 34
Ioffe, A.A. 51
Iudenich, N.N. 59, 111
Ivanov, V. 176
Izhevsk 109

J

jovens 8, 40, 58, 132, 143, 160, 163-165, 167, 169
judeus 19, 77, 127; *ver* antissemitismo

K

Kamenev, L.B. 30, 32, 44, 80, 127, 129, 130, 134
Kandinsky, V. 174
Kautsky, K. 49
Kerenski, A.F. 26, 29, 33, 37, 41, 42, 46, 48
Khiva 34
Khlebnikov, V. 174
Khorezm 74, 141
Kirov, S.M. 109, 137
Kokand 34, 73
Kolchak, A.V. 59, 61, 63-65, 73, 77, 95, 105, 107, 109, 110
Kollontai, A.M. 159, 162
kombiédi (comitês dos pobres da zona rural) 92, 93, 105
Komsomol (Liga da Juventude Comunista) 124, 133, 149, 152, 155, 156, 164, 165, 167, 168, 171

Kornilov, L.G. 41-43, 48, 59
Krasin, L.B. 82
Kronstadt 22, 33, 82, 101, 112, 113, 117
Krupskaia, N.K. 22, 128, 129, 155, 167
kulaks 92, 105, 107, 118, 139, 140, 145, 146, 150, 151, 152, 188

L

Legião Tcheca 60, 109
lei no Estado soviético 56, 60, 76-77
Lenin, V.I. 22, 23, 28, 30, 32, 33, 42, 44, 46, 52, 54, 58, 61, 67, 75-77, 80, 85, 87-89, 97, 98, 99, 102, 114, 116-118, 121, 127-129, 131-133, 136, 142, 147, 155, 159, 160, 162, 164, 166-169, 172, 173, 175, 181, 184, 185
  a personalidade de
  como líder do partido 81, 130, 146-147
  culto a 132, 173
  Estado e Revolução 42, 114, 181
  políticas econômicas adotadas por 87, 98
  sobre a NEP 118
  testamento de 127
Letônia 34, 35, 59, 67, 68
Lewin, M. 186
Liga dos Ateus Militantes 171
literatura 169, 176
Lituânia 59, 68, 153

Lunatcharski, A.V. 126, 128, 155, 156, 175
Lvov, G.E. 26, 29

M

Maiakovski, V.V. 158, 174
Makhno, N.I. 59, 68, 106
Malevich, K.S. 174
Malia, M. 180
Mandelstam, O. 176
Manifesto de Outubro (1905) 17, 18
Mannerheim, K.G. 65
marinheiros 22, 32, 33, 44, 104, 109, 112, 113
Martov, L. 112
marxismo 32, 103, 180, 182
médicos 15, 24, 27, 102, 128, 155, 177
medo da guerra (1927) 144
mencheviques 11, 24, 25, 27, 28, 30, 32, 35, 42, 46, 48, 54, 56, 57, 69, 78, 79, 89, 108, 109, 111, 133
mercadores 72, 102
Meyerhold, V.Y. 174, 175
mídia impressa 15
militarização do trabalho 97, 122
Miliukov, P.N. 29
Moscou 16, 37, 42, 56, 57, 64, 65, 69, 72, 73, 77, 83, 90, 99, 103, 122, 126, 134, 142-144, 149, 154, 158, 172, 178, 185
Movimento Verde 105
muçulmanos 34, 72, 73, 144
  bashkirs 72
  tártaros 34, 72, 73, 105, 143

mulheres 8, 27, 40, 56, 83, 108, 124, 125, 139, 158-162, 164-166; *ver* patriarcado

N

nação, discurso de 41
nacionalistas não russos 18, 54, 67, 74, 75, 142, 143, 189
Nicolau II 11, 17, 183
nomenklatura 134, 149, 158; *ver* elite, surgimento da nova

O

Omsk 24, 61, 64
oposição de direita 130, 145
oposição de esquerda 128, 131
Oposição Unida 130, 131
Ordzhonikidze, G.K. 137
organização científica do trabalho (NOT) 123
Outubro, tomada do poder de 44-48

P

Partido Bolchevique 7, 32, 43, 99
   Comitê Central do 51-52
   ditadura do 75-85, 112-113
   nacionalidades não russas e 67-72, 75
   Oposição Militar 60
   os membros do 32-33
   passa a ser um partido de governo 113-114
   política em relação à oposição socialista 78-79
   ver Partido Comunista de Todas as Rússias; outubro, tomada do poder de

Partido Comunista de Todas as Rússias 80, 84
   bolcheviques da velha guarda 116, 135
   comissão de controle partidário 138, 178
   Comitê Central do 33, 44, 51-52, 77, 80, 130, 135
   Congressos do: oitavo; décimo; décimo quarto 60, 81-82, 89, 117, 130
   expurgos do 135
   luta intrapartidária 127, 134
   Orgburo 81, 134
   Politburo 80, 127, 130, 134
   ver Partido Bolchevique

Partido Comunista Ucraniano 69, 143
Partido dos Cadetes 26
Partido Operário Social-Democrata Russo 11; *ver* Partido Bolchevique
Pasternak, B.L. 58
patriarcado 186
pequena nobreza (fidalgos) 18, 25, 39, 40, 53
Petliura, S.V. 77, 78

Petrogrado (São Petersburgo, Leningrado) 11, 15, 16, 21, 22, 26-29, 31, 38, 42, 44, 46-48, 64, 76, 91, 95, 96, 99, 108, 111, 112, 165, 170
Pilniak, V. 176
Pilsudski, J. 66
Pipes, R. 186
Poder dual 25
Polônia 35, 59, 66, 68, 74
    guerra soviético-polonesa 68
população 12, 14, 26, 28, 33-36, 58, 65, 68, 73, 77, 82, 95, 97, 99, 104, 107, 109, 112, 119, 135, 137, 138, 142, 143, 149, 154, 155, 162, 166, 173
Preobrazhenski, E. 183
Primeira Guerra Mundial 15, 18, 19, 30, 51, 58, 59, 191
Primeiro Plano Quinquenal 124, 145, 157
privação de direitos 153
produtividade 53, 86-88, 123, 124
professores 15, 24, 27, 41, 155, 156, 177
Pudovkin, V. 175

R

Rabkrin; ver Inspetorado de Operários e Camponeses
racionamento 86, 95, 97, 117, 144
Radek, K.B. 66, 191
Rakovski, C.G. 142
Rasputin, G. Ye. 20
redistribuição das terras 25, 26, 53, 54
região industrial central 37
Renovacionistas 170
República do Extremo Oriente 142, 143
revolução cultural 118, 166-169, 179
revolução de 1905 11, 18
Revolução de Fevereiro 20, 21, 25, 27, 40
revolução sexual 162
Riga, Tratado de 68
Rikov, A.I. 130
Riutin, M.I. 134
Rodchenko, A.M. 174
Roslavets, N. 174
RSFSR (República Socialista Federativa Soviética Russa) 77, 128, 141, 142
RSSA Cazaque 74
RSSA Tadjique 74
RSSA Turcomena 74
RSSA Uzbeque 74

S

salário dos trabalhadores 126
Samara 57, 105, 109, 140, 166
Saratov 56
seitas religiosas 152, 165
Shklovski, V.B. 101
Sibéria 56, 65, 90, 92, 95, 98, 106, 110
sindicatos 16, 23, 69, 78, 81, 87-89, 91, 107, 108, 110, 123, 126, 130, 139, 155, 156, 185

Smithy, grupo de escritores 176
socialistas revolucionários de esquerda (SRs de esquerda) 28, 30, 38, 42, 54, 76-79, 106, 111, 183
socialistas revolucionários (SRs) 16, 24
   a "contrarrevolução democrática" 59, 60, 109
   ver socialistas revolucionários de esquerda
sociedade civil 15, 180
Soviete de Deputados Operários e Soldados de Petrogrado 11
sovietes 23-25, 27, 30, 33, 36, 42-44, 48, 51, 55-57, 67, 73, 78, 81, 83, 87, 89, 101, 102, 107-109, 112, 113, 115, 138, 139, 143, 152, 182, 185
   Comitê Executivo Central (CEC) 25
   exigência de poder aos 42-43, 112, 182
   oposição ao regime bolchevique 56
   ver Soviete de Petrogrado
Sovnarkom (Conselho de Comissários do Povo) 54, 57, 80
Spiridonova, M.A. 78
SRs maximalistas 109
Stalin, I.V. 7, 30, 60, 63, 67, 72, 80, 81, 102, 118, 127-134, 142, 145-148, 171-173, 178-180, 184-186, 191
   personalidade de 133
   stalinismo 184-187, 191
Steinberg, I.N. 76
Stolípin, P.A. 17, 18, 120
suicídio 165
Sultangaliev, M.S. 72, 73, 143
supervisores 123
suprimento de grãos 39, 91; *ver* confisco de alimentos
Sverdlov, Ia. M. 80

T

Tambov 47, 106
Tashkent 73
Tatlin, V.Y. 173, 174
taxa de natalidade 161
teatro 98, 102, 174, 175
Terror Vermelho 75, 77
Tikhon (V.I. Beliavin) 103, 104, 169, 170
Tolstói, L. N. 25, 141, 174
Tomski, M.P. 89, 130
trabalhadores do setor de serviços 149
trabalhadores (operários) 8, 11, 16, 17, 21, 23-25, 27, 29, 32, 33, 36-38, 40, 41, 43, 44, 46, 50-52, 54-56, 66, 76, 78, 79, 82, 85, 88-90, 92, 96, 97, 104, 106-113, 115, 118, 122-127, 135, 136, 149-153, 156, 172, 176, 188, 189
   oposição aos bolcheviques *ver* produtividade; militarização do trabalho; greves
trabalho doméstico 160

transportes, crise dos 37, 98, 122
Trotski, L.D. 16, 30, 33, 44, 46, 52, 60, 62, 63, 80, 89, 90, 97, 127-130, 132, 133, 134, 147, 184
Tsereteli, I.G. 29, 33
Tukhachevski, M.N. 63
Turquestão; *ver* Ásia Central
Tver' 57, 101, 136

U

Ucrânia 34-37, 40, 52-54, 58, 59, 68, 69, 77, 78, 90, 98, 106, 119, 141, 143; *ver* Donbas
universidades 15, 177
Urais 16, 34, 38, 56, 65, 72, 90
URSS (1923-) 142

V

vandalismo 77, 83, 123, 161, 165
velhos crentes 171
Vertov, D. 175, 177

W

Wrangel, P.N. 58, 61, 63, 64

Z

Zalkind, A.B. 162
Zemstvos 20
Zinoviev, G.E. 32, 44, 80, 82, 96, 127-130, 133, 134
Zoshchenko, M. 176

Lista de ilustrações

1. Dia Internacional da Mulher, 8 de março de 1917. / David King Collection / 13

2. Um protesto político em Petrogrado, 1917. / Hulton Archive / 21

3. *Quem esqueceu sua dívida para com a terra natal?* Mercadores dirigem essa pergunta a um soldado prostrado. A inscrição diz: "Pouco é dado, muito é exigido". / A. Nenarokov, *An Illustrated History of the Great October Socialist Revolution* (Moscou, 1987) / 24

4. Soldados russos protestando em Petrogrado, abril de 1917. / David King Collection / 31

5. Tropas abrindo fogo contra os bolcheviques nos protestos de julho. / David King Collection / 32

6. General Kornilov. / David King Collection / 43

7. Guardas vermelhos em Ecaterimburgo. / Hulton Archive / 45

8. Trotski passando em revista as tropas Vermelhas durante a guerra civil, 1917. / David King Collection / 62

9. Baron Wrangel deixa a Rússia. / David King Collection / 64

10. Trem descarrilado com dois soldados do Exército Vermelho. / David King Collection / 80

11. Um mercado do interior, década de 1920. / David King Collection / 91

12. Um grupo de confiscadores de alimentos, 1918. / David King Collection / 94

13. Charge feita por uma criança. Os dizeres são: "Um bolchevique é uma pessoa que não quer que existam mais os *burzhui*". / A. Nenarokov, *An Illustrated History of the Great October Socialist Revolution* (Moscou, 1987) / 96

14. Fome de 1921-1922. / David King Collection / 100

15. Krupskaia e Lenin, Gorki, 1922. / David King Collection / 129

16. Protesto anticapitalista, década de 1920. / David King Collection / 152

17. Passeata infantil. / David King Collection / 157

18. A maquete de *Monumento à Terceira Internacional* de Vladimir Tatlin. / David King Collection / 173

19. O projeto de Altman para a Praça do Palácio. / David King Collection / 174

20. Design de um pôster construtivista para o filme *O décimo primeiro*, de Dziga Vertov. / David King Collection / 177

21. Protesto: "Nos deixem dirigir nosso caminho para a vida brilhante". / Vladimir Tolstói, *Street Art of the Revolution: Festivals and Celebrations in Russia 1918-1933* (Thames and Hudson, 1990) / 181

22. Caricaturas na Praça Vermelha. / David King Collection / 190

Lista de mapas

1. A Rússia europeia às vésperas de 1917. / 10
2. O Estado soviético ao final da guerra civil. / 70

lepmeditores
www.lpm.com.br
o site que conta tudo

IMPRESSÃO:

PALLOTTI
GRÁFICA

Santa Maria - RS | Fone: (55) 3220.4500
www.graficapallotti.com.br